AF140161

»because of books«

Go Offline:
Weniger Internet
Mehr Leben

Mina Homann

»because of books«

FSC
www.fsc.org
MIX
Papier aus ver-
antwortungsvollen
Quellen
Paper from
responsible sources
FSC® C105338

Bibliografische Information der
Deutschen Nationalbibliothek:
Die Deutsche Nationalbibliothek verzeichnet diese Publikation in
der Deutschen Nationalbibliografie;
detaillierte bibliografische Daten sind im Internet über
http://dnb.dnb.de abrufbar.

TWENTYSIX – Der Self-Publishing-Verlag
Eine Kooperation zwischen der Verlagsgruppe
Random House und BoD – Books on Demand

2. Auflage
© 2016 Mina Homann

Herstellung und Verlag:
BoD – Books on Demand, Norderstedt

ISBN: 978-3-740-72633-1

Umschlaggestaltung: © Erdin Design
Lektorat: C. S. Becher

»Der Mensch ist frei geboren und überall liegt er in Ketten.«

Rousseau

Inhalt

Weniger Internet – Mehr Leben

Online sein gehört zu unserem Tag wie Essen und Trinken. Smartphones sind zu unseren liebsten Gefährten geworden. Wir tippen auf eine App oder sehen uns Bilder und Videos auf Social Media an – plötzlich sind zwei Stunden vergangen und wir klicken von einem Link zum nächsten. Manchmal schlafen wir mit dem Smartphone in der Hand ein, und greifen morgens als erstes danach. Wir checken und beantworten Nachrichten in Eile und hetzen zur Arbeit oder zur Schule. Treffen wir uns mit Freunden, ist das Handy immer in Sichtweite. Wir verbringen den gesamten Abend vor dem Laptop und ärgern uns später, dass wir unsere Freizeit zu wenig nutzen. Im Urlaub halten wir uns auf mit dem Suchen nach dem WLAN-Passwort des Hotels und dem perfekten Hintergrund für unser Selfie. Werden wir beim Internetsurfen oder Onlinespielen unterbrochen, verschlechtert sich unsere Stimmung. Ein leerer Akku oder eine gestörte Internetverbindung gehören zu den größten Unannehmlichkeiten unseres Alltags.

Was machen wir, wenn unser Internetkonsum überhandnimmt? Wenn Internet und die ständige Anwendung von Smartphone, Tablet und Co unser Leben nachteilig formt? Wenn wir unsere eigenen und die Bedürfnisse von anderen durch das Online sein vernachlässigen? Wenn unser Surfverhalten an Sucht grenzt, und wir nach dem Offline gehen Entzugserscheinungen wie Nervosität und Übellaunigkeit erleben?

Niemand möchte über das Ausmaß und die Konsequenzen von konstanter Internetnutzung nachdenken. Keine Frage: Das Netz bringt viele Vorteile mit sich; aber zu sehr dient es als Flucht vor der Alltagsrealität. Hat man erlebt, welches Gefühl der Sinnlosigkeit nach stundenlangem Zeitvertreib im Internet aufkommt, setzen Zweifel ein, ob die Internetwelt uns tatsächlich bereichert und unser Leben immer erleichtert.

Die tägliche Online-Kost via Tablets und Smartphones ist zu einer Selbstverständlichkeit und Gewohnheit geworden. Irgendwann ist man sich nicht mehr bewusst, wie oft man sein Handy in die Hand nimmt und Neuigkeiten checkt. Ist man offline, denkt man über das Internet nach: was man online gesehen hat und sehen könnte.

Der virtuelle Raum verführt uns zu einem Leben voller Passivität und Prokrastination. Das Umfeld wird weniger wahrgenommen und wir konzentrieren uns zu sehr auf die Illusionen, die uns online vorgesetzt werden. Wir unterliegen dem falschen Glauben, auf dem virtuellen Weg nach dem wahren Leben zu greifen. Tatsächlich verlieren wir die Motivation, selbst zu handeln und verschwenden wertvolle Lebenszeit.

In den sozialen Netzwerken sind Vergleiche mit unseren Mitmenschen an der Tagesordnung. »Sehen und gesehen werden« ist Pflichtprogramm, welches zu Selbstoptimierung und Selbstdarstellung führt. Der Zwang, pausenlos Beziehungen zu pflegen und über das neueste Weltgeschehen informiert zu sein, führt zu Reizüberflutung. Man hat keine Zeit mehr für sich. Die Folge: Abgestumpftheit, mangelnde Schaffenskraft sowie fehlende Kreativität. Gebt Langeweile keine Chance, ist die digitale Devise. Jede offene Frage wollen wir auf der Stelle beantwortet wissen und schlagen lieber online nach, als dass wir unsere eigenen Köpfe anstrengen. Das Smartphone ist zu einem USB-Stick unseres Gehirns geworden.

Sie lesen dieses Buch. Sie spüren, dass das Internet unser Leben sowohl in der Gesellschaft als auch im privatem Bereich zu stark beeinflusst. Sie wollen sich dagegenstellen und nicht mehr zulassen, dass Ihre Freizeit und sozialen Kontakte vollständig von der virtuellen Welt eingenommen werden. Lassen Sie uns gemeinsam den Weg in ein Leben gehen, welches nicht vom Netz und digitaler Rund-um-die-Uhr-Erreichbarkeit überwältigt wird. Wir setzen dem Internet Grenzen, indem wir Achtsamkeit und dem bewussten Umgang mit dem Netz höchste Priorität schenken. Wir schützen unseren Geist und unsere Gesundheit durch einen Lebensstil, der ein zielgerichtetes Surfen und Verringerung der Online-Zeit hervorhebt.

Fangen Sie an, ein reflektiertes Leben frei von digitalen Handschellen führen. Das Internet wird nicht Sie, sondern Sie werden das Internet beherrschen. Machen Sie sich bereit, Ihre Freiheit und ein selbstbestimmtes Leben zu zelebrieren!

KAPITEL EINS

Was Surfen und Social Media mit uns macht

Warum sind wir immer online?

>»Es ist ein einförmiges Ding um das
Menschengeschlecht. Die meisten verarbeiten
den größten Teil der Zeit, um zu leben, und
das bisschen, das ihnen von Freiheit
übrigbleibt, ängstigt sie so, dass sie alle Mittel
aufsuchen, um es los zu werden.«
>
> Goethe

Es sind natürlich immer die anderen, die zu jeder Zeit online gehen. Wir benutzen schließlich nur unser Smartphone, Tablet, Laptop und Computer, um morgens, vormittags, mittags, nachmittags, abends und nachts E-Mails zu checken, Freunden zu schreiben, per Video zu chatten, zu twittern, sich nach dem Wetter zu erkundigen, Fotos und Videos zu bestaunen, Uhrzeit und Termine zu prüfen, nach Social-Media- und Welt-Nachrichten zu gucken, Musik zu hören, nach neuesten Apps zu suchen, zu spielen, Blogs und Kommentare zu lesen, Videoplattformen zu durchforsten, Suchmaschinen zu befragen, oder, von was auch immer wir online finden, unterhalten und informiert zu werden.

Seien wir also ehrlich. Tag für Tag, Stunde um Stunde verbringen wir unsere Zeit in einer virtuellen Realität. Die ununterbrochene Internetverbindung und der Einsatz mobiler Geräte versprechen uns eine moderne und unkomplizierte Lebensweise. Seelische und körperliche Beschwerden nehmen wir dafür in Kauf. Unsere Welt dreht sich nur noch um Informationen und Unterhaltung im Netz. Wir verlieren uns in Links, Texten, Bildern und Videos, und verleugnen unser Potential. Unser Ich, unser Körper, unsere Kreativität, unsere Träume, unsere Begabungen, unsere Bildung und unsere Beziehungen werden vernachlässigt und beeinträchtigt.

Zu dramatisch? Überlegen Sie, wie viele Male am Tag Sie zum Smartphone greifen, oder wie viele Stunden Sie auf Ihrem Laptop online sind. Zählen Sie nach. Machen Sie eine Strichliste. Die Anzahl und Länge Ihrer Online-Besuche wird Sie garantiert überraschen. Mit gesenkten Köpfen lassen wir uns ablenken und verpassen Vorgänge um uns herum. Wir lassen dem Internetkonsum zuliebe zahlreiche Erfahrungen und Chancen im Leben verstreichen: Wir bleiben an unserem Onlinespiel hängen, obwohl wir uns in der Zeit mit Freunden zu einem Gesellschaftsspiel treffen könnten. Wir starren auf unser Smartphone, anstatt beim Warten an der Bushaltestelle unsere Gedanken schweifen zu lassen, oder ein lustiges Gespräch mit der Frau neben uns anzufangen. Wir checken lieber Statusmeldungen auf sozialen Netzwerken, als dass wir unserem Kind zuhören. Wir lassen durch beliebiges Internetsurfen auf der Couch unsere Talente einschlafen, während ein Hobby in der Freizeit, sei es Schauspiel, Schreiben oder Malerei, unsere Kreativität fördern würde. Statt ziellosem Surfen hätten wir in einem Jahr eine neue Sprache erlernen, regelmäßig unsere Großeltern besuchen, oder mehrere Bücher lesen können.

Wieso machen wir mobile Endgeräte zum Dreh- und Angelpunkt unseres Lebens? Weshalb ziehen wir eine Berieselung am Bildschirm geistigen, körperlichen und zwischenmenschlichen Aktivitäten vor? Die Antworten sind vielfältig wie die Menschen selbst, und oftmals situationsabhängig:

Verdrängung: Wir wollen die Anforderungen verdrängen, die das Leben an uns stellt. Jeder Tag bringt neue Herausforderungen, sei es auf der Arbeit oder in unserer Freizeit. Im Internet können wir uns all dem zumindest zeitweise entziehen.

Ablenkung: Das Internet bietet zahlreiche Möglichkeiten der Ablenkung und Aufschiebung. Es hilft uns, der Realität des Alltags zu entfliehen.

Kontrolle: Internetnutzung gibt uns ein Gefühl von Kontrolle. Gefällt uns eine Meldung oder Unterhaltung nicht, klicken wir diese einfach weg.

Unsicherheit: Fühlen wir uns unsicher oder machtlos im Alltag, haben wir zumindest auf unseren Profilen in den sozialen Netzwerken das Sagen. Lieber fühlen wir uns online zu Hause als fremd im eigenen Leben.

Unzufriedenheit: Sind wir mit uns selbst unzufrieden, tauchen wir als Avatar in diverse Onlinespiele ab, oder zeigen uns von unserer besten Seite auf Social Media.

Suche nach Bestätigung: Erhalten wir online positive Kommentare und Bewertungen, fühlen wir uns in unserem Selbstwertgefühl gestärkt. Wenn wir wiederum andere bewerten, fühlen wir uns gut, da wir glauben, dass unserer Meinung Gewicht gegeben wird.

Flucht vor Einsamkeit: Wollen wir vor der Einsamkeit fliehen, ist immer ein Bekannter oder ein Fremder online zum Chatten. Schüchternheit und soziale Ängste lassen sich hinter einem Bildschirm leichter überspielen.

Suche nach Zugehörigkeit: Wir streben nach Gruppenzugehörigkeit, die im Netz auf vielfältige Weise zu finden ist. Lieber schließen wir uns der Mehrheit an, als dass wir als Außenseiter dastehen.

FOMO (»Fear of Missing Out«): Wir haben Angst, Gelegenheiten zu verpassen und wollen bei allem dabei sein. Immer erreichbar und immer auf dem neuesten Stand.

Beschäftigung: Auf der Suche nach Informationen oder Unterhaltung verlangen wir nach sofortiger Befriedigung. Langweile darf nicht aufkommen.

Flucht vor Realität: Onlinerollenspiele erlauben uns, in eine Fantasiewelt abzutauchen, in der wir jede Form, Rolle und Charakter annehmen können.

Ungeduld: Das Internet soll liefern, was auch immer wir in dem Augenblick benötigen und verlangen, sei es Bestätigung oder Beschäftigung. Diese Schein-Befriedigung erreichen wir mit ein paar Klicks.

Hoffnung: Unser Smartphone ist der Überbringer von möglicherweise positiven Neuigkeiten. Wir klicken es an, in der Hoffnung, dass wir eine Nachricht erhalten haben, oder dass es lustige und interessante Meldungen gibt. Mit jedem Klick auf der Suche nach dem nächsten Kick.

Diese Verhaltensweisen sind kontraproduktiv und hindern uns daran, ein ausgeglichenes und zufriedenes Leben zu führen. Unser Sinn für Selbstachtung und Selbstverwirklichung leidet, wenn wir durch das Online sein unsere Wünsche und Träume verdrängen, oder eine falsche Vorstellung davon bekommen, was gut für uns ist.

Die ständige Stimulation durch das Internet ist nur eine Scheinlösung. Wir verdrängen Aufgaben und Probleme unseres realen Lebens.

Wir können uns nicht darauf verlassen, dass jeder Online-Inhalt die Realität abbildet. Bilder und Videos zeigen nicht immer das, was wir glauben zu sehen. Artikel und Neuigkeiten stellen nicht immer die Lebenswirklichkeit dar. Das Netz kreiert Werte, Normen und Lebensstile, die bestimmen, wer wir sein und was wir besitzen müssen, um soziale Akzeptanz und Lebensfreude zu genießen. Was ist angesagt? Was ist »out«? Wie leben andere? Was muss ich tun, um dazuzugehören? Übertriebener Internetkonsum nimmt uns unsere Fähigkeit und Motivation, unser Leben aktiv zu gestalten und Vorgänge kritisch zu hinterfragen. Wir lassen uns freiwillig 24 Stunden am Tag fremdbestimmen.

Folgen unserer Online-Obsession

»Dem Zufall unterworfen zu sein beginnt,
wer einen Teil seiner selbst außerhalb sucht.«

Seneca

Wir sind online einer konstanten Informationsflut ausgesetzt. Körperliche und geistige Belastungen wie Kopfschmerzen, Tinnitus oder Burn-out können die Folge sein. Die Reizüberflutung erschwert uns das Abschalten und das Entspannen. Andauernd werden wir durch neue Informationen gestört und sind gezwungen, unsere Aufmerksamkeit immerzu aufzuteilen. Wir verlernen, uns auf längere Texte zu konzentrieren, da wir immer wieder durch Reize abgelenkt werden.

Wir sind immer auf dem Sprung nach der nächsten Meldung. Unsere Konzentrationsfähigkeit wird in Mitleidenschaft gezogen. Es bereitet uns Schwierigkeiten, die vielen Einflüsse vollständig zu verarbeiten und wir übernehmen ungeprüft deren Aussagen. Je mehr wir von außen endlose Datenmengen empfangen, umso mehr leidet unser Denkvermögen und unsere kognitiven Fähigkeiten. Es fällt uns schwer, uns zu fokussieren, da Input von allen Seiten gegeben ist. Neue

Ideen zu entwickeln oder Veränderungen zu schaffen ist nicht erforderlich. Wir vergessen Wissen schneller.

Mit unseren Gedanken sind wir nicht mehr alleine. Durch die vielen Informationen haben wir vermehrt Schwierigkeiten, Wichtiges von Unwichtigem zu unterscheiden. Obwohl uns kontinuierlich über Ereignisse und Vorgänge berichtet wird, haben wir das Gefühl, Wesentliches zu versäumen.

Im Alltag haben wir bereits mit vollgeschriebenen To-do-Listen, schwierigen Entscheidungen und belastenden Zurückweisungen zu kämpfen. Durch das Abtauchen in das Internet erweitern wir diese Zone um zusätzliche Belastungen, mit denen wir uns sonst nicht auseinandersetzen müssten.

Im Internet unterwegs zu sein gibt dem Sprichwort »Wer die Wahl hat, hat die Qual« eine neue Dimension. Die Auswahl im World Wide Web ist schier unendlich. Es gibt kaum ein Thema oder ein Produkt, welches nicht seinen Weg online gefunden hat. Die vermeintliche Freiheit, jede Sekunde Zugriff auf fast alle erdenklichen Daten und Waren zu haben, ist eine zusätzliche Belastung für uns Menschen. Bei der Vielfalt von Optionen sind wir gezwungen, unaufhörlich Entscheidungen zu treffen und Auswahl zu betreiben: Was sehen wir uns an? Wem hören wir zu? Auf welche Links klicken wir? Welche Angebote nehmen wir an? An welchen Social-Media-Kanälen beteiligen wir uns? Was posten wir? Was bestellen wir bei welchem Anbieter? Gibt es neue Updates? Öffnen wir einen Account? Checken oder schreiben wir jetzt Nachrichten oder später? Diese Bandbreite an Möglichkeiten führt zu Unentschlossenheit und dem Herauszögern von Entscheidungen, was auf Dauer Unbehagen, Stillstand und Frustration auslösen kann.

Als Schutz vor unbequemen und langweiligen Erfahrungen soll uns das Internet mit allen Informationen versorgen. Unser Sinn für Abenteuer und Spontanität schläft ein. Keiner geht ins Kino, ohne vorher online die Filmrezensionen anzusehen. Sehen wir bei einem Spaziergang ein Museumsschild, befragen wir unser Smartphone nach der Ausstellung, ohne einen spontanen Besuch zu wagen. Wir sitzen hinter unserem Bildschirm und chatten online, anstatt uns kurzfristig mit Freunden zu verabreden. Im Restaurant wollen wir uns nicht überraschen lassen: das Menü und die Bewertungen von anderen Besuchern werden vorher im Netz abgesegnet. Auch Urlaubsziele und Hotelübernachtungen werden vorher online unter die Lupe genommen. Lieber betreiben wir Onlineshopping mit den Bildern und Bewertungen von Fremden, als in ein Geschäft zu gehen. Bei wichtigen Entscheidungen hören wir nicht in uns selbst hinein oder fragen Familie und Freunde um Rat; die Antworten auf Lebensfragen sind nur einen Klick oder Wisch entfernt. Dem Online-Orakel sei Dank.

Im Internet lassen wir uns die Urteile und Ansichten anderer Menschen vorsetzen und hinterfragen sie häufig nicht. Selbstverantwortung ist zu einem Fremdwort geworden, lieber folgen wir bedenkenlos der Online-Mehrheit. Phantasie spielt keine Rolle mehr. Wer muss schon seine Kreativität herausfordern, wenn uns die Suchmaschine innerhalb von Sekunden alles vorsetzt? Wer muss sich ein Gegenmittel für seine Langeweile einfallen lassen, wenn die neuesten Apps, Onlinespiele und Nachrichten warten?

Fangen wir unseren Tag mit sinnlosen Surfen an, ist später die Überwindung hoch, das Gehirn »einzuschalten« und fleißig zu sein. In das Netz abgetaucht, kleben wir wie die Bienen am Honig und eine unheimliche Willenskraft ist vonnöten, dass wir uns wieder der Arbeit und dem Leben zuwenden. Das Gleiche gilt, wenn wir Pause machen und diese zum Abschalten online verbringen. Zu glauben, dass diese Art von Zerstreuung unseren Geist entspannen könnte, ist ein verbreiteter Irrtum. Das Starren auf den Bildschirm und die Aufnahme von unwichtigen Meldungen wirkt negativ auf unsere Denkleistung, da das Gehirn permanent neue Reize verarbeiten muss.

Die Ablenkung durch das Netz bewirkt mitunter, dass wir unsere Umgebung nicht richtig wahrnehmen. Unachtsamkeit beim Umgang mit dem Internet kann zu körperlichen Verletzungen bis hin zum Tode führen, zum Beispiel die Verursachung von Verkehrsunfällen bei der Nutzung des Smartphones während des Autofahrens. Auch zu Fuß schenkt man dem Verkehr weniger Beachtung. Fußgänger übersehen Beschilderungen, Straßen, Fahrräder und Autos, da sie in ihr Smartphone vertieft die Umwelt ausblenden. Es ist kein Wunder, dass verschiedene Länder Innovationen und Schutzmaßnahmen einführen, um dieses Risiko zu minimieren: Gehwege und Bodenampeln für aktive Smartphone-Nutzer.

Eine weitere scheinbar harmlose Angelegenheit, wie das Knipsen eines Selfies, kann verheerende Folgen nach sich ziehen. Zu den weltweiten Vorfällen gehören Stürze, Erfasst werden von Fahrzeugen, Stromschläge, Konfrontationen mit Wildtieren und Erschießen durch das Posieren mit geladenen Waffen.

Gefährlich für den Verkehr und Einsatzkräfte ist ebenfalls das Dokumentieren von Unfällen. Mit dem Smartphone Fotos oder Videos von der Unfallstelle aufzunehmen, behindert bisweilen Polizei- und Feuerwehrarbeit, und kann Erste-Hilfe-Bemühungen verzögern.

Die Smartphone-Kamera ist immer dabei. Bei jeder Gelegenheit schieben wir einen Bildschirm zwischen das Objekt und unsere Augen. Alles soll für uns und die Online-Welt festgehalten werden. Dank reichlichem Speicherplatz wird lieber einmal zu viel als einmal zu wenig auf den Auslöser gedrückt. Dieser Foto-Fanatismus und die Jagd auf Bildmotive verleiten uns dazu, unser Umfeld nur noch durch eine Linse zu betrachten. Den Moment nehmen wir nicht in all seiner Schönheit wahr, sondern haben einen Tunnelblick.

Zusätzliche Zeit verbringen wir damit, unsere Fotos mit Filtern zu bearbeiten; fügen schmeichelndes Licht hinzu und machen die Landschaft noch grüner. Die Fotos werden anschließend mit einem schlauen oder inspirierenden Spruch hochgeladen. Nun beginnt das Warten auf Kommentare, auf die man später noch antworten muss.

Wir nehmen zu viele nichtssagende Fotos und leicht zu vergessene Videos auf, als dass wir uns an ihnen erfreuen könnten. Wenn wir ehrlich zu uns selbst sind, finden wir kaum Zeit, die Dateien anzusehen, geschweige denn, sie alle hochzuladen. Sie bleiben ungenutzt und ungesehen in den Weiten des Speichermediums liegen.

Mit zunehmenden Internetkonsum steigt der Druck, online jederzeit erreichbar und präsent zu sein. Konnte man vor vielen Jahren noch erklären, dass man unterwegs war und deswegen den Festnetzanruf verpasste, ist dies heute unmöglich. Neben fast schon »altmodischen« Anrufen auf das Smartphone, ist man durch E-Mails, Instant Messenger, Videobotschaften und über Social Media in Kontakt.

Am besten besitzt man als User die Bereitschaft, möglichst viel aus seinem Leben preiszugeben.

Besonders Social Media fördert das Zuschaustellen intimer Momente seiner Benutzer. Diese müssen im Web optimal präsentiert werden. Eine Mahlzeit wird nicht einfach verzerrt; ästhetisch angeordnet wird es zum »Food Selfie«. Ein Buch schlägt man nicht nur zum Lesen auf, zunächst beweist man online, was für ein belesener und kultivierter Mensch man ist. Eine Sportübung ist nicht allein zum Trainieren da. Mit einem »Healthie« zeigt man den gesunden und schweißtreibenden Lebensstil, getoppt von einem »Belfie«, welches das fitte Hinterteil präsentieren soll. Liebes- bis hin zu Scheidungs-Selfies klären über den Stand der Beziehung auf.

Unser tägliches Leben muss unserem Online-Leben standhalten. Fotografien und Filmaufnahmen repräsentieren uns und unser Leben, und müssen dabei stilgetreu sein. Image ist alles. Die Erschaffung und Kultivierung einer Online-Persönlichkeit ist ein Muss. Abbildungen und Aussagen müssen stets aktualisiert werden. Somit weitet sich der Druck der optimalen Selbstdarstellung, der wir bereits im realen Leben ausgesetzt sind, auf die virtuelle Welt aus. Wir müssen uns zusätzlich im digitalen Universum um das schönste Profilbild, die coolsten Videos und die lustigsten Statusmeldungen kümmern.

Der Zwang
der Selbstoptimierung

»Als gut gilt heute, was uns die Illusion gibt,
dass es uns zu etwas bringen werde.«

Musil

In der heutigen Zeit stellt die Gesellschaft den Anspruch an uns, dass jeder sein Leben verwirklicht
und auskostet, sowie jederzeit sein Bestes gibt. Ob
Schule, Ausbildung, Studium, Beruf, Kindererzie-
hung, Privatleben, Urlaub, Freizeit: Wir sollen
Spaß haben, aber auch reibungslos funktionieren,
vorzugsweise mit einem Lächeln im Gesicht. Die
Anstrengung und Aufopferung, die hinter den
Aufgaben, Projekten und Erledigungen stecken,
darf man uns nicht ansehen.

Wir eifern unentwegt vorgesetzten Idealen
nach, von denen wir erzählt bekommen, dass sie
uns zu einem erfolgreichen, zufriedenen und be-
wundernswerten Menschen machen: Halte Diät
und sei schön und schlank wie ein Model. Als ech-
ter Mann legt man Wert auf ein Sixpack. Paare
müssen zur Besserung ihrer Beziehung zum Paar-
training, und kleine Kinder sollten so früh wie
möglich ein Instrument oder eine Fremdsprache

erlernen. Bei einer riesigen Auswahl an Möglich-keiten kann und muss sie jeder nutzen. Man ist immer auf der Suche nach etwas Besserem und will das Größtmögliche aus allem herausholen. Wer eine der vielen Chancen auf Selbstverbesserung vorbeiziehen lässt, erntet gesellschaftliches Unverständnis.

Dieses Streben nach Optimierung zeigt sich ebenfalls in der virtuellen Welt. Perfektion steht hoch im Kurs. Makel sollen verschleiert und nicht sichtbar sein. Für die Darstellung eines erstklassigen Lebens im Internet suchen wir im selbigen nach Lösungen. Im Netz werden wir fündig, da es uns unzählige Optionen der Verbesserung und Verschönerung bietet. Dort holen wir uns auf diversen Webseiten originelle Ideen und aktuelle Informationen, die uns zu einem interessanten und interessierten Menschen machen sollen. So erfahren wir, dass Kickboxen für Frauen »in« ist, Superfood unser Essverhalten und Muskelaufbau verbessert, »Living Apart Together« für Paare Wunder bewirkt, und Yoga für Babys der neueste Schrei ist.

Auch Apps versprechen, das Beste aus uns herauszuholen. Sie zeichnen unsere Schlafphasen auf für eine erholsame Nachtruhe und sanftes Wecken. Mit einer Fitness-App können wir unsere Schritte zählen und unseren Körper optimal fit halten. Dank der Technik werden wir daran erinnert, über den Tag genug Wasser zu trinken, und darüber informiert, wie viele Kalorien unser Essen beinhaltet. Unser digitales Tagebuch und Meditations-App sollen uns beim Reflektieren und Erkennen von fehlender Erfüllung helfen. Wir geben somit unsere Verantwortung an Software und mobile Endgeräte ab, die uns kontrolliert zu einem effektiveren und glücklicheren Menschen machen sollen.

Bevor wir uns selbst auf der Suche nach Inspiration offline begeben, versuchen wir lieber, den Lebensstil von populären Bloggern und Vloggern zu betrachten und nachzuahmen. Leute auf Social-Media-Kanälen zeigen uns ein vermeintlich makelloses Leben. Wir sind beeindruckt von ihrer Darstellung und blenden aus, dass viele dieser User ihre Plattformen zum Geld verdienen nutzen und daher besonders stark auf ihr Image achten. Moderne Kleidung, gesunder Lebensstil, Reisen in sonnige Länder und schicke Wohnungseinrichtungen zeugen von einer erfolgreichen Lebensführung. Diese Menschen scheinen ihr Leben zu genießen. Nehmen Außenstehende diese Lebensweise als Maßstab, stellen sie die Erwartung an sich selbst, genauso schön, hip und chic sein zu wollen.

Können wir die Erwartungen im wahren Leben nicht erfüllen, sind Selbstzweifel und Frustration die Folge. Die ewige Suche nach Selbstverbesserung bestimmt dann unser Surfverhalten. Wir durchforsten das Netz nach Schönheitstipps, Frisuren, Urlaubszielen, Produkten mit einwandfreien Kundenrezensionen, Buchtipps, Rezepten und Wohnideen für einen attraktiveren Lebensstil. Wir bilden uns ein, dass wir durch das Betrachten und Nachahmen der Lebensweise in der Lage sein werden, unser eigenes Leben zu bereichern. Diese ausschweifende Internetrecherche führt aber in den allermeisten Fällen zu Passivität. Wir setzen unsere Pläne nicht um, sondern sind nur die Konsumenten von den Social-Media-Seiten der anderen.

Auf diesem Weg verlagern wir die gesellschaftlich auferlegte Bürde der Selbstoptimierung vermehrt auf das Internet. Wir glauben, dass wir im Internet Ideen und Antrieb für ein erfülltes Leben finden und so zu einem besseren und glücklicheren Menschen werden.

Auf der Suche nach Selbstverbesserung ist der Suchtfaktor des Internets nicht zu unterschätzen. Stunde um Stunde vergeht mit dem Surfen und Suchen im Netz. Auf Kosten wertvoller Zeit, die sie für die Umsetzung der eben erworbenen Ideen hätten nutzen können. Folglich verschieben Sie Ihre Pläne auf morgen. Aber am nächsten Tag sind andere Angelegenheiten aktuell und Ihre Recherche und Lesezeichen vom Vortag werden nicht weiter beachtet. Die Informationsflut aus dem Internet hat Ihnen nicht geholfen, Ihre Pläne umzusetzen. Langes Verweilen in den Weiten des Netzes wiegt Sie in der falschen Sicherheit, engagiert zu sein. Tatsächlich haben Sie im realen Leben Ihre Ziele nicht erreicht und Ihr jeweiliges Selbstoptimierungsprojekt ist durch stundenlanges Surfen gescheitert.

Die gute Nachricht: Sie brauchen keine von der Gesellschaft auferlegte Optimierung Ihres Selbst. Sie sind so gut, wie Sie sind. Selbstzweifel führen zu Unzufriedenheit. Fortwährende Suche nach Verbesserungsvorschlägen nimmt Ihnen den Blick für die Realität und das Gefühl der Dankbarkeit. Hören Sie auf sich: Fühle ich mich gut in meiner Haut? Bin ich im Großen und Ganzen zufrieden mit mir und meinem Leben? Bringe ich mir selbst, meinen Mitmenschen und anderen Lebewesen Respekt entgegen?

Blenden Sie Außenstimmen aus und konzentrieren Sie sich auf Ihr eigenes Wohlgefühl. Streben Sie nicht nach einem besseren, sondern nach Ihrem authentischen Ich.

Spuren im Netz

»Lebe so, dass du die Taten deines Lebens
nicht zu verheimlichen brauchst, aber auch
kein Verlangen hast, sie zur Schau zu tragen.«

Tolstoi

Im digitalen Zeitalter ist es schwer, den Schutz
von Daten zu garantieren. Wir geben freiwillig
und unfreiwillig auf diversen Seiten und Instant
Messenger persönliche Informationen, Festnetz-
und Mobilfunknummern, sowie Aufenthaltsorte
preis. Allein unser Smartphone ist ein riesiger Da-
tenspeicher, der digitale Spuren hinterlässt und
detaillierten Aufschluss über unser Nutzerverhal-
ten gibt. Wir sind uns nicht im Klaren, wie viele
unserer persönlichen Daten gesammelt werden.
Uneingeschränkter Internetzugriff bei Apps sorgt
zum Beispiel dafür, dass sich ein Übertragungs-
prozess von Daten vollzieht, auch wenn wir das
Programm nicht benutzen. Wer seinen gesundheitlichen Zustand über ein Armband online ver-
sendet, riskiert, dass seine Daten ohne Zustimmung an Dritte gelangen. Schon der Klick von einem »Gefällt mir« gibt Firmen Aufschluss über
unser Verhalten und unsere Vorlieben.

Soziale Netzwerke, Nachrichtenseiten und Suchmaschinen gelangen an unsere Daten und nutzen
sie als Wettbewerbsvorteil und zur Auskund-
schaftung. In vielen Fällen haben wir keine Ahnung, was die Zusammenarbeit und Zusammen-
legung von Firmen für unsere privaten Informationen bedeutet, welche Daten auf welche Art weitergeleitet werden, und wie sie zusammengefügt
werden, um ein vollständiges Profil von uns zu
erstellen.

Das Speichern und Auswerten unserer Daten
gehört zu den lukrativsten Methoden im Marke-
ting und im Schalten von Onlinewerbung. Anhand von Eingaben wie Standort, Statusmeldungen und Suchmaschinenklicks, wird ausgewählt,
welche Angebote wir auf dem Bildschirm präsentiert bekommen. Es ist fast unheimlich, wie die
Werbungen auf unseren Lieblingsseiten einge-
blendet, und uns naheliegende und attraktive
Produkte und Leistungen angeboten werden. Auf
beinahe magische Weise scheinen sie zu wissen,
für welche Themen wir uns in diesem Moment interessieren.

Wer sich ins Netz begibt, nimmt in Kauf, dass persönliche Informationen Fremden zugänglich gemacht werden. Einbußen beim Datenschutz

nimmt man, wenn man sich überhaupt Gedanken macht, mit einem Knurren oder einem »Ich habe doch nichts zu verbergen« hin. Die Gefahr, zu einem »gläsernen Menschen« zu werden, ist jedoch hoch.

User haben aber die Option, den Rahmen für gewisse Eingrenzungen zu legen. Dafür lohnt sich die Überprüfung unserer Internet- und Nutzereinstellungen beim Browser, zum Beispiel die Nutzung von Cookies und generelle Sicherheitseinstellungen. Das nimmt Zeit in Anspruch, aber wir gewinnen zumindest einen Überblick und ein wenig Kontrolle über unsere Datenfreigabe. Gehen Sie auch die Einstellungen Ihrer Apps und Ihres Smartphones durch. Deaktivieren Sie die Standortbestimmung, wenn Sie nicht immer auffindbar sein wollen, es nicht klar sein soll, wie schnell Sie sich wohin bewegen und wie lange Sie sich dort aufhalten. Dies gilt ebenfalls für unseren Datenschutz und Privateinstellungen bei Social-Media-Plattformen. Da diese ständigen Erneuerungen unterlegen sind, ist es wichtig, immer auf dem aktuellen Stand zu sein.

Überlegen Sie sich vor dem Anmelden bei einem sozialen Netzwerk, ob Sie mit dessen Datenrichtlinien übereinstimmen, zum Beispiel ob das Copyright der von Ihnen hochgeladenen Fotos weiterhin Ihnen gehört. Wie viele der optionalen Felder Ihres Profils Sie ausfüllen, ist Ihnen freigestellt. Wählen Sie wohl durchdacht aus, wer auf Ihre Freundesliste darf und wer Ihre Mitteilungen empfangen soll. Manchmal ist eine private Nachricht angebrachter als ein Kommentar auf der öffentlichen Seite. Denken Sie immer vor dem Veröffentlichen daran, welche persönlichen Daten nach außen gelangen dürfen und welche nicht. Dies umfasst u. a. Ihre Videos, Bilder, Texte sowie Ihren Aufenthaltsort. Würden Sie diese Daten Jahre später immer noch online finden wollen?

Das Teilen von Fotos und Videos auf Social Media und der Anspruch auf Privatsphäre ist ein Widerspruch, den sich viele User nicht klarmachen. Nutzer sind sich bewusst, dass sie private Daten mit der anonymen Öffentlichkeit des Internets teilen. Folglich können sie nicht bestimmen, wer sich die Daten ansieht. Gleichzeitig wollen sie jedoch Kontrolle über ihre Bilder und Videos und deren Verbreitung behalten. Viele verdrängen, dass wir unsere im Internet hochgeladenen Dateien nicht

hundertprozentig schützen können. Wir unterschätzen das Risiko, von Hackern angegriffen zu
werden, oder dass jemand Fotos von uns oder ge-
liebten Menschen auf anderen Seiten verbreitet.
Wir haben keine Kenntnis darüber, welche Bilder
und Informationen weitergeleitet werden.

Aber auch ohne aktive Teilnahme an sozialen
Netzwerken können wir ungefragt auf Internetplattformen landen. Schon früher tauchte man auf
Urlaubsbildern oder auf Fotos von Geburtstags-
feiern in den Alben fremder Menschen auf. Heutzutage werden diese Bilder im Internet hochgeladen und einem breiten Publikum präsentiert.
Ebenso kann uns dies auf Feiern, öffentlichen Veranstaltungen, oder auf der Straße passieren. Ein
Smartphone ist ruckzuck für ein Foto oder Video
hervorgeholt und durch Instant Messenger in
Windeseile verbreitet. Das ungefragte Teilen von
diesen Aufnahmen, auch wenn dies rechtlich
nicht einwandfrei ist, ist kaum kontrollierbar.

Informationen, die online auffindbar sind, können für Individuen weitreichende Konsequenzen
haben. In unserer Zeit kann man aufgrund der eigenen Internetprofile den Arbeitsplatz verlieren.
Von Freunden hochgeladene Partyfotos auf Social
Media stoßen in der Chefetage auf Kopfschütteln;

obwohl man den Kontakt zu früheren Freunden abgebrochen hat, ist man auf veralteten Seiten weiterhin miteinander vernetzt; eine dumme Aussage bleibt trotz neuer Erkenntnis und Weltanschauung auf dem Videoportal bestehen. Manchmal nutzen Menschen ihre Profile zur Selbstdarstellung, zum Beispiel, um sich beim »coolen« Alkoholtrinken aufzuspielen, provokativ Haut zu zeigen, oder über ihre Lehrer und Vorgesetzte zu schimpfen. Einmal ins Netz gestellt, verschwinden Fehltritte und Fauxpas nicht ohne Weiteres. Oftmals fällt dies den Betroffenen erst später auf.

In anderen Fällen taucht der eigene Name in den Suchmaschinen auf; nur, dass es sich dabei nicht um die eigene Person handelt. Besitzt dieser Mensch eine negative Online-Reputation, zum Beispiel durch fragwürdige oder zwielichtige Aktivitäten, fällt diese auf unseren Namen zurück. »Online Reputation Management« soll dies unterbinden. Bei dieser Art von Management werden zuständige Firmen beauftragt, Online-Präsenzen von Organisationen, Personen oder Produkten aufzubauen oder zu reinigen. Auch als Privatperson kann man ein eigenes Reputationsmanagement durchführen. Dies beinhaltet, sich auf den entsprechenden populären Internetseiten bekannt zu machen. Die Logik: Sind viele Lücken online zu finden, kommen eher Zweifel an der Person und deren Tätigkeiten auf. Demzufolge müssen wir, um unser Image online positiv zu vermarkten, noch mehr von unseren persönlichen Informationen preisgeben und noch mehr online sein. Ob Sie dieser Praxis folgen wollen, ist Ihnen überlassen. Seien Sie sich jedes Mal unbedingt sicher, welche Informationen Sie im Internet posten wollen.

KAPITEL ZWEI

Wie Sein und Schein sich online vermischen

Nicht alles, was online glänzt, ist Gold

Je mehr Zeit wir online verbringen, umso mehr beeinflussen und prägen die in der digitalen Welt konsumierten Inhalte unser Weltbild. Ob diese Darstellungen im Internet der Wahrheit entsprechen, oder einer Illusion unterliegen, können wir nicht einwandfrei unterscheiden. Nicht immer entspricht das Gezeigte der Realität, oder es wird gezielt nicht offen dargelegt. Dies kann Absicht der Produzenten sein, oder das Resultat der eigenen Wahrnehmung. Wir selbst tragen dazu bewusst und unbewusst bei: Entweder durch das selektive Kommentieren und Hochladen von Inhalten, oder das Zurückhalten von zusätzlichen Informationen.

Das Foto von einem aufgeräumten Esstisch sagt nichts über die sonst unordentliche Wohnung aus, und das Selfie einer lachenden Frau verrät nichts über ihren wahren Gemütszustand. Beiträge zeigen schließlich nur Ausschnitte aus dem Leben, und können bearbeitet werden, oder im richtigen Winkel einen anderen Eindruck vermitteln als in der Realität.

Online verschwimmen die Grenzen zwischen Authentizität und Falschheit. Wir haben Schwierigkeiten zu differenzieren, welche Darstellung echt und welche unecht ist. Online-Inhalte erzeugen gesellschaftlich erwünschte Lebenswelten und Denkweisen. Die digitale Vermittlung eines Lebensstils oder einer Weltanschauung ist auf viele verschiedene Arten möglich. Wir besitzen keinerlei Wissen darüber, wer auf Webseiten Einträge zu welcher Zeit löscht, oder Kommentare sperrt.

Dies wird zu einem Problem, wenn wir unsere Lebenswirklichkeit einzig auf das basieren, was wir online aufnehmen. Sehen wir dies als alleinige Wahrheit an, kann es zu Konflikten im realen Leben und zum Verlust von Lebensfreude kommen. Aus diesem Grund ist es essenziell, einen »virtuellen Tunnelblick« zu vermeiden.

Wenn wir in unserer Freizeit häufig auf Seiten im Netz unterwegs sind, die bestimmte politische oder gesellschaftskritische Richtungen vertreten und diese einseitig darstellen, verinnerlichen wir deren Werte und Ansichten. Im Alltag stellen wir fest, dass die meisten Menschen nicht diese Meinung vertreten, und es logische Gegenargumente gibt.

Social-Media-Seiten verzerren unsere Wahrnehmung. Auf dieser Grundlage mögen, beneiden oder verurteilen wir Personen, obwohl dies auf lückenhaften oder falschen Informationen basiert. Diese vorgefestigte Meinung hindert uns, die Menschen in ihrer Gesamtheit zu betrachten, sowohl in ihren negativen als auch in ihren positiven Eigenschaften.

Verwerfen Sie den Glauben, aktiv am gesellschaftlichen Geschehen teilzunehmen, wenn Sie den ganzen Tag vor dem Bildschirm verbringen. Sie lassen das Leben an sich vorbeiziehen, während Sie andere Leute im Netz beobachten. Online sind Sie der Konsument von den Gedanken und Produkten anderer Menschen; aber auch von deren »Abfällen«, wie unsinnige und negative Ideen und Denkmuster. Aktive User machen Geld damit, dass Menschen kontinuierlich konsumieren und nicht selbst nachdenken. Blogger und Vlogger erzielen Einkünfte durch Klicks und geschaltete Werbung, während die Leser und Zuschauer diese Beiträge aufnehmen und passiv bleiben.

Der Begriff »Follower«, jemand, der den Seiten von anderen »folgt« und bei Updates sofort informiert wird, sagt bereits alles. Die Zeit, die Sie damit vergeuden, dem Leben von anderen zu »folgen«, würde Ihnen unzählige Möglichkeiten bieten, Ihr eigenes Leben zur vollsten Zufriedenheit auszukosten. Sei es durch Hobbys, oder durch Projekte, die Ihr Leben bereichern oder mit denen Sie möglicherweise sogar Einkommen erzielen können.

Menschen hinterlassen online Kommentare, die sie im realen Leben und ins Gesicht der anderen Person nie von sich geben würden. Sie sind nicht in der Lage, Konflikte und Konfrontationen von Angesicht zu Angesicht auszutragen. Manche machen daraus eine Art Freizeitbeschäftigung: Sogenannte »Trolls« sind online unterwegs, um zu provozieren und andere schlecht zu machen. Mit beleidigenden Aussagen wollen sie in anderen Usern emotionale Reaktionen hervorrufen oder von Sachverhalten ablenken. Menschen, die sich im virtuellen Raum mehr Negativität anderen gegenüber zutrauen als im realen Leben, müssen vor Konsequenzen so gut wie keine Angst haben. Hinter Bildschirm und Anonymität versteckt, fühlen sie sich stark. Auf das wahre Leben überträgt sich dieser angebliche Mut und diese Überzeugungen natürlich nicht.

Genauso sieht es aus mit der Unterstützung und Beteiligung an sozialen Onlineprojekten. Leute sind der Ansicht, dass es ausreicht, sich im Internet mit ein paar Klicks von der heimischen Couch aus zu engagieren. Dabei handelt es sich zumeist nur um Pseudo-Aktivismus. Auch wenn wir uns an »Hashtag-Protesten« beteiligen und in den Kommentarbereichen unsere Meinung von uns geben, verpufft dieser Einsatz recht schnell. Nach ein paar Wochen ist das Thema wieder in Vergessenheit geraten. Was wurde dann wahrhaftig getan, um anderen zu helfen und deren Leben zum Besseren zu wenden?

Wie authentisch sind unser Mitleid und unsere Fürsorge für andere, wenn wir mit einem Klick die Schicksale wegdrücken und »aus den Augen, aus dem Sinn« praktizieren? Unglücke, Naturkatastrophen und politische Auseinandersetzungen: Tangieren uns online die Schicksale anderer tatsächlich oder sind sie austauschbar mit der nächsten aufwühlenden Begebenheit? Trifft uns ein Vorgehen wahrhaftig? Echauffieren oder erfreuen wir uns nur, weil es die Mehrheit im Internet scheinbar ebenfalls tut? Stumpfen wir ab durch die vielen Schlagzeilen? Nur wenn wir unsere eigenen Handlungen hinterfragen und wirklichkeitsgetreu betrachten, können wir real Gutes in der Welt bewirken.

Nicht nur auf privater Ebene verschwimmen im Internet die Grenzen zwischen Realität und Illusion. Das Internet wird als Instrument für die Beeinflussung von Menschen eingesetzt. Nicht nur in der realen, auch in der virtuellen Welt werden wir an der Nase herumgeführt. Ohne Ihr Wissen werden Sie zu einer Testperson für Produktwerbung und Marktforschung.

Die amerikanische Journalistin Sharyl Attkisson prägte den Begriff »Astroturfing«: Unternehmen und Interessenorganisationen nutzen diverse Internetplattformen wie Social Media, Webseiten, Kommentarbereiche etc. zum Verbreiten ihrer (Werbe-)Botschaften. Ob es sich um die Wirkungsweise eines Medikaments oder eine politische Aussage handelt: Accounts werden kreiert und entsprechende Kommentare verbreitet. User erhalten so den Eindruck, dass die Informationen auf privaten Erfahrungen und Bewertungen basieren. Ein Produkt oder eine Dienstleistung werden eindeutig positiv im Netz bewertet, obwohl dies keine Kunden, sondern Firmenmitarbeiter waren.

Schützen können wir uns online davor schwer, aber sich dessen bewusst zu sein, ist der erste Schritt, nicht wahllos jede Aussage im Internet als authentisch einzustufen. Unabhängig davon, wie viele Menschen angeblich diese Denkweise und Haltung teilen. Einem Fremden auf der Straße würden Sie auch nicht jede Aussage glauben, warum dann online?

Soziale Netzwerke sind zu einem digitalen Maßstab des sozialen Miteinander geworden. Es gilt ein eisernes Gesetz: Nur was nach außen präsentiert wird, besitzt Wert. Eine Freundschaft ist einzig und allein wahr und wird geschätzt, wenn ich sie öffentlich zelebriere und andere sie wahrnehmen: Mein Partner liebt mich nur, wenn er ein Kussfoto von uns beiden hoch lädt, und zwar auf all seinen fünf Plattformen. Eine Freundin geht durch dick und dünn mit mir, wenn sie meine Beiträge mit »Daumen hoch« bewertet und mich in all unseren gemeinsamen Fotos taggt. Das hochgeladene Gruppenfoto von einer Party ist zwingend erforderlich, um zu beweisen, wie viel Spaß die Anwesenden hatten.

Wer nicht öffentlich auf allen Seiten zum Geburtstag gratuliert bekommt, ist anscheinend unbeliebt und hat nicht viele Freunde. Dagegen muss der, der online Freunde vorzeigen kann, ein begehrter und bewundernswerter Mensch sein. Die Anzahl der Online-Freunde gilt als Maß für Popularität und Anerkennung. Je mehr Freunde, desto größer ist die Bewunderung von anderen. Je weniger Freunde, umso weniger wird ihnen Achtung gezollt. Wer keine digitalen Freunde besitzt, steht sozial am Rande der Gesellschaft. Daher ist es kein Wunder, dass viel Wert auf eine Beteiligung an diesem Bewertungssystem gelegt wird. Hinterlässt die Freundin kein »Gefällt mir« oder einen Kommentar unter dem neuesten Bild, ist man beleidigt und fühlt sich vor den Kopf gestoßen.

Wie sehr diese »Freunde« Teil unseres wirklichen Lebens sind, und uns außerhalb der Online-Welt zur Seite stehen, steht auf einem anderen Blatt. Es wird mehr der Schein zelebriert als echte Freundschaft. Nur weil man viele Freundschaften auf Social Media vorzeigen kann, heißt das nicht, dass man außerhalb des Internets erfüllende Beziehungen führt. Definieren Sie sich nicht über die Anzahl Ihrer Online-Freunde.

Selbstdarstellung um jeden Preis

»Die Menschen drängen sich zum Lichte,
nicht um besser zu sehen,
sondern um besser zu glänzen.«

Nietzsche

Unser Ego kann es nicht lassen. Wer auf der digitalen Bühne der sozialen Netzwerke steht, verpflichtet sich zur Selbstpräsentation. Wer etwas auf sich hält, thematisiert sich. Getreu dem Motto: Wer keinen Account besitzt, und sich nicht präsentiert, ist niemals geboren oder schon lange tot. Sehen andere das Erlebte nicht auf einem Display, ist es nicht geschehen. Wir übertrumpfen uns gegenseitig mit den neuesten Fotos, Blogeinträgen, Videos und Kommentaren. Wem seine eigenen Seiten auf Social Media nicht ausreichen, eröffnet eine für das Haustier oder das Baby. Vloggers stellen täglich auf Videoplattformen der Öffentlichkeit ihr Leben zur Schau. Je offener und intimer die Darstellung, umso mehr Klicks. Selbstdarstellung und Selbstthematisierung haben in den sozialen Netzwerken Hochkonjunktur.

Lange Freundschaftslisten, viele »Gefällt mir«-Klicks und zahlreiche Kommentare auf Beiträge schmeicheln dem Ego. Daher muss alles stimmen, wenn Nutzer sich auf Social Media beteiligen: Hochgeladene Dateien sollen sich hervorheben, durch Einträge wollen sie Aufmerksamkeit und Bestätigung erhalten. Dies ist mit reichlich Stress verbunden: Wie präsentiert man sich auf welchen digitalen Kanälen? Welches Profilbild lädt man hoch? Man muss recherchieren, welche Social-Media-Seiten zu welchen Zeiten besonders oft besucht werden. Schließlich möchte man nicht den neuesten Beitrag hochladen und kaum Reaktionen erhalten, weil die Zielgruppe schläft, sich draußen sonnt oder am Arbeiten ist. Ihr digitales Ich muss herausragend präsentiert werden, schließlich nimmt die Welt einen wahr, wie man sich im Netz zeigt. Wir kreieren eine inszenierte Online-Persönlichkeit, die ein Idealbild von uns verkörpern soll.

Je mehr wir andere sehen, die durch ihre Internetpräsenz Zustimmung erhalten, umso mehr wollen wir selbst im Mittelpunkt stehen. Jeder möchte in seinem eigenen kleinen Universum eine Hauptrolle spielen. Die passende Plattform bieten Social-Media-Kanäle. Manche Videos oder Aussagen verbreiten sich rasend schnell im Internet, und die Leute erfahren dafür mediale Aufmerksamkeit. Es entsteht der Eindruck, dass jeder jederzeit berühmt werden kann, wenn man nur eine zündende Idee oder genug Glück hat. Wir wollen ebenfalls Teil des Ganzen sein, und wer weiß? Vielleicht gehört man auch eines Tages zu denen, die weltweit bekannt werden. Immer mehr Personen laden Videos von sich, ihren Haustieren oder Babys hoch, in der Hoffnung auf einen viralen Hit.

Die negativen Seiten des kurzen Bekanntseins und mögliche zukünftige Probleme werden dabei ausgeblendet: Unsere Anonymität und Seriosität leidet. Mancher Chef findet es nicht so lustig, dass sein Angestellter im World Wide Web von sich reden macht. Nur wenige User schaffen es, einen viralen Hit zu landen und auf Dauer tatsächlich Geld damit zu verdienen. Irgendwann ist die Aufmerksamkeitsspanne des Publikums erschöpft. Das Netz ist schneller bei der nächsten großen Sache, als dass man »Hashtag« tippen kann.

Internetplattformen sind zum sozialen Austausch da. Sie dienen jedoch vor allem der Selbstbestätigung. Fehlender Zuspruch verunsichert uns und wir hinterfragen unsere Art zu leben. Macht mir Sport tatsächlich Spaß, wenn andere die Fotos von mir beim Schwitzen und Auspowern im Fitness-studio nicht bewundern? Bin ich überzeugt von meiner veganen Lebensweise, wenn andere in den Kommentaren meinen Ernährungsstil kritisieren? Wenn mein Video von dem Regenbogen nicht mit ausreichend »Gefällt mir«-Klicks belohnt wird, waren die Farben wahrhaftig so schön, wie sie mir vorkamen?

Bei positiven Kommentaren und »Daumen hoch«-Klicks fühlen wir uns in unserem Handeln und unserer Wahrnehmung bestätigt. Finden dagegen unsere Beiträge von anderen Usern keine Zustimmung, oder werden wir ignoriert, sind wir enttäuscht und zweifeln an uns. Somit beginnt ein Teufelskreis: Je weniger Bestätigung, umso mehr bemühen wir uns um Anerkennung und sind noch länger online. Dieses Bestreben nach Bewunderung kann uns den Tag oder die Woche vermiesen. Im schlimmsten Fall kann dieser Drang nach Selbstbestätigung durch andere zu Depressionen führen.

Vermeintliche Bestätigung erhalten wir auch über die Hege und Pflege unserer Online-Freundschaftslisten, und somit ist das »Sammeln von Freunden« Ehrensache; je mehr Freunde man auf seiner Liste hat, umso beliebter fühlt man sich.

Wer weiß besser, wie klug, charmant und lustig man ist, als die eigenen »Follower«? Diese Suche nach Anerkennung und Bewunderung online beansprucht Zeit und Nerven. Ein realer Aufwand für belanglose Informationen.

Sagt die Anzahl der Klicks, wie oft ein Bild oder ein Kommentar geteilt oder gemocht wird, etwas darüber aus, ob wir geachtet oder geliebt werden? Zeigt es an, wie häufig an uns gedacht wird? Spielt es eine Rolle, welchen Status wir online besitzen? Macht es unsere Gedanken und Überlegungen wirklich zu etwas Besonderem, wenn wir andauernd alle anderen daran teilhaben lassen? Loggen Sie sich aus, schalten Sie Ihre Geräte ab und gewinnen Sie Abstand. Sie werden erkennen, dass Ihre Suche nach Selbstbestätigung im Netz eine sinnlose Tätigkeit ist.

Im Wettstreit um Beliebtheit im Internet kommt unsere Authentizität abhanden. Wir bleiben nicht bei uns selbst. Wir verlieren unsere innere Richtung und verinnerlichen die Meinungen anderer Menschen. Im Einsatz für die perfekte Selbstpräsentation geben wir die Verbindung zu unserem Ich auf. Ob Kommentare gelesen oder geschrie-

ben, Selfies hochgeladen oder neueste Videos an-
geschaut: Unsere wahren Freunde und Familie
lieben und achten uns, ohne dass wir uns im Netz
präsentieren oder uns selbst verleugnen müssen.
Bleiben Sie so, wie Sie sind.

Neid und Vergleiche auf Kosten unseres Selbst

>»Wir denken selten an das, was wir haben,
>aber immer an das, was uns fehlt.«
>
>Schopenhauer

Social Media überschüttet uns mit Einblicken in das Dasein und den vermeintlichen Alltag anderer Menschen. Wo sie wohnen, wie sie essen, wie oft sie ihre Familien sehen und was sie in ihrer Freizeit gerne unternehmen. Mit Hilfe von geposteten Bildern, Videos und Statusmeldungen wissen wir angeblich Bescheid, wie andere ihr Leben verbringen.

Ab und zu entdecken wir Vorgänge, die uns auf einer persönlichen Ebene treffen: Unsere Nachbarin zeigt ihren fitten Körper auf Social Media, obwohl wir seit Monaten zu faul waren, uns im Fitnessstudio anzumelden. Am nächsten Tag checken wir die Seite einer Freundin aus Schulzeiten und entdecken, dass sie Werbung für ihren 400-seitigen Roman macht. Wir erinnern uns plötzlich, dass wir früher immer Pläne gemacht hatten, ein eigenes Buch zu schreiben. Diese Idee ging jedoch nie über fünf Blätter hinaus. Beim abendlichen Surfen finden wir heraus, dass ein ehemaliger Kollege Chef seines eigenen Unternehmens geworden ist. Wir besaßen nie den Mut zur Selbstständigkeit, aber nun ärgert es uns, dass der unsympathische Ex-Kollege eine bessere Entscheidung für sein Berufsleben getroffen haben könnte als wir. Schlecht gelaunt und aus Langeweile klicken wir auf das Profil einer unbekannten Frau. Sie ist im gleichen Alter wie wir. Die Seite der Frau strotzt vor Abenteuerreisen um die ganze Welt. Niedergeschlagen und traurig starren wir auf den Bildschirm. Alle Menschen leben, nur wir nicht.

Ob Lebensstil, Reisen, Körper, Persönlichkeit oder Besitz: Wir vollziehen online Vergleiche mit Freunden, Nachbarn, Kollegen und Fremden. Häufig tauchen dann diese Fragen auf: Was hat die andere Person, was ich nicht habe? Was hat sie aus ihrem Leben gemacht? Wie sieht es in meinem Leben aus? Warum habe ich das nicht erreicht?

Haben Sie dabei das Gefühl, schlechter als der andere abzuschneiden, führt dies möglicherweise zu Neid. Eine als anstrengend empfundene Gefühlsregung, die einen überwiegend negativ beeinträchtigt und zu lähmender Unzufriedenheit führen kann. Auf lange Sicht macht dies unglücklich, da man das eigene Leben als unerfüllt und unzureichend empfindet. Unser Selbstwertgefühl schwindet und Selbstzweifel setzen ein.

Wie kommen wir gegen Neid an? Machen Sie sich bewusst, dass alles, was Sie auf Social Media sehen, nur selektive Momentaufnahmen sind. Es ist keine komplette und realistische Darstellung, wie die Menschen ihr Leben verbringen, sondern nur Auszüge daraus. Einen Ausschnitt als Gesamtbild zu betrachten, ist so, als ob man aus dem Leben eines 90-Jährigen eine Sekunde sieht und von dieser auf sein ganzes Leben schließt.

Machen Sie nicht den Fehler, sich mit Personen zu vergleichen, die in der Öffentlichkeit stehen. Die Stars der Neuen Medien kultivieren ihr eigenes »fehlerfreies« Image. Sie bestreiten ihren Lebensunterhalt mit der Darstellung ihres Lebens. Als »Influencer« (»Einflussnehmer«) auf Social Media bieten sie zahlreiche Vermarktungs- und Werbemöglichkeiten für Unternehmen. Ist eine Frau das Werbegesicht für eine gesunde Lebensweise, achtet sie auf Ihr Äußeres. Ihr Körper ist ihr Kapital, und um gefragt zu sein, arbeitet sie Vollzeit an ihrer körperlichen Verfassung. Wie viel Arbeit sie in ihr Ess- und Sportprogramm investiert, übersieht man jedoch leicht.

Auch Schauspieler und Sänger aus der Unterhaltungsbranche nutzen das Internet zur Imagepflege. Sah man früher von ihnen eher ausgewählte Fotos in Zeitungen und Zeitschriften, gibt es mittlerweile online massenweise Paparazzi-Fotos. Dass sie selbst da gestylt und tadellos aussehen, hat ebenfalls mit Vermarktungsstrategien zu tun: Prominente werden in seltenen Fällen von Fotografen überrascht, sie rufen die Paparazzi aus PR-Gründen selbst an. Verzagen Sie also nicht, wenn Sie online eine berühmte Schauspielerin oder Sängerin sehen, die nach der Geburt ihres Kindes sofort wieder schlank zu sein scheint oder deren Make-up perfekt sitzt. Diese prominenten Menschen haben die nötigen Ressourcen zur Verfügung, und verdienen Geld mit ihrer Selbstdarstellung.

Jeder zeigt im Internet, was er andere sehen lassen will. Viele Menschen tendieren aus Selbstschutz und Unsicherheit dazu, die schönste Version von sich und ihrem Leben im Netz zu zeigen. Sie wollen nicht verurteilt werden, oder im schlechten Licht dastehen, und haben das Gefühl, »mithalten« zu müssen.

Lassen Sie sich nicht von makellosen Fotos und Videos beeindrucken. Sie wissen schließlich nicht, wie viele Versuche und Filter vonnöten waren, das Bild zu perfektionieren.

Ihre Freundin hat so eine strahlende und reine Haut auf den Selfies? Augenringe und Pickel lassen sich leicht retuschieren. Ihr Kollege ist immer so positiv? Sie haben keine Vorstellung davon, wie lange er auf den Bildschirm starrte, oder unermüdlich die Suchmaschine bediente, bevor er seinen »Follower« eine fröhliche Botschaft mitteilte. Das Baby Ihrer Bekannten ist ein strahlender Sonnenschein und alles läuft so toll für die frischgebackene Mama? Ihnen hingegen scheint alles über den Kopf zu wachsen? Die Chancen sind gering, dass sie Videos preisgibt, auf denen ihr Kind die Nacht schreit, oder sie zu erschöpft ist, sich die Zähne zu putzen.

Wenn Sie auch Fotos und Videos hochladen, ist die Wahrscheinlichkeit groß, dass andere User wiederum von Ihnen glauben, dass Sie im Leben alles im Griff hätten.

Seien Sie ebenfalls realistisch bei Menschen, die sich auf den sozialen Netzwerken als produktiv und voller Tatkraft darstellen. Unser Leben erscheint uns im Vergleich blass und unausgefüllt.

Aber wenn wir ehrlich sind: Jemand, der tatsächlich vielbeschäftigt ist, wird kaum Zeit haben, von früh bis spät im Internet zu posten.

Tappen Sie nicht in die Falle von Social-Media-Usern, die gekonnt Fehler und »Unvollkommenheiten« präsentieren. Auch dies kann eine idealisierte Version von der Realität sein. Deswegen fühlen Sie sich nicht schlecht, wenn diese Personen angeblich besser Negativität handhaben, oder besser mit Rückschlägen umgehen. Ein Blick hinter die Kulissen könnte ein komplett anderes Bild offenbaren.

Hinter jedem Beitrag auf Social Media steht eine größere Geschichte, die nicht vollständig, oder überhaupt nicht erzählt wird. Vieles wird beschönigt dargestellt. Man könnte sagen: Zeige mir deine Bilder auf Social Media und ich sage dir, wer du gerne sein möchtest. Soziale Netzwerke sind meistens mehr Schein als Sein. Nehmen Sie dort präsentierte »perfekte Leben« oder inszenierte »nicht perfekte Leben« keinesfalls als Maßstab für das eigene Leben.

Wenn Sie trotzdem das beneiden, was Sie im Internet sehen, machen Sie sich klar, dass Neid nicht nur eine negative Emotion ist. Nutzen Sie das Gefühl positiv für sich! Wandeln Sie Neid in Ehrgeiz um. Konkurrenzgefühle regen an und inspirieren, das eigene Leben in Angriff zu nehmen. Gestehen Sie sich zunächst ein, dass Sie Neid verspüren. Fragen Sie sich:

Warum und worauf bin ich neidisch?

Was ist es konkret, was ich im eigenen Leben haben möchte?

Ist dies mein eigener Wunsch oder handelt es sich um etwas, was andere von mir erwarten? Spüre ich gesellschaftlichen oder familiären Druck?

Wenn Sie ein Ziel haben, welches erreichbar ist und Sie aus tiefstem Herzen glücklich macht, werden Sie durchhalten und sich wahrhaftig an dem Ergebnis erfreuen. Grenzen Sie sich ab. Nur weil jemand anderes einen bestimmten Wunsch für sich selbst oder für Sie hegt, heißt das nicht, dass dies auch Ihr eigenes Bestreben ist. Vielleicht wirkt eine Situation oder ein Zustand von außen verlockend, aber letztlich ist es nicht das Richtige für Sie und Ihre Bedürfnisse. Stehen Sie ein für das, was Sie wollen! Nehmen Sie Ihren Neid als Ansporn. Erkennen Sie selbst, worauf Sie neidisch sind und erreichen Sie Ihre eigenen Ziele! In diesem Prozess des Hinterfragens lernen Sie sich selbst kennen und entdecken Ihre Vorlieben und Wünsche. Sich dessen bewusst zu werden, hilft bei dem Aufbau einer selbstbewussten Persönlichkeit.

Setzen Sie sich stets realistische Ziele. Akzeptanz von unveränderlichen Lebensumständen ist ein wichtiger Schritt für ein zufriedenes Leben. Überlegen Sie sich, dass das Erreichen von Zielen immer Aufwand und Einschränkungen mit sich bringt. Bei Familienangehörigen und guten Freunden wissen wir, welche Opfer und Mühen sie für ihre Ziele aufbringen mussten. Dieser persönliche Einblick hemmt Neidgefühle, da man sich vor Augen hält, wie viel Arbeit hinter dem Erfolg steckt. Sind Sie bereit, Gleiches oder Ähnliches durchzumachen wie die Person, die Sie beneiden? Wollen Sie eine schlanke Figur wie Ihre Nachbarin? Sind Sie dafür bereit, nonstop beim Sport zu schwitzen und streng auf Süßigkeiten und Chips zu verzichten? Wollen Sie jahrelang jeden Abend am Schreibtisch sitzen und schreiben, um irgendwann ein eigenes Manuskript in den

Händen zu halten? Möchten Sie das Risiko eines Kredites eingehen und auch Samstag und Sonntag bis in die tiefe Nacht arbeiten, um Ihr eigenes Geschäft zu gründen?

Ein effektives Mittel gegen Neid ist das Ausschalten von möglichen Neidfaktoren. Vermeiden Sie es vor allem, auf Seiten von Menschen zu gehen, mit denen Sie sich häufig vergleichen. Noch besser: Statt das Leben anderer im Netz zu beobachten, schalten Sie Ihre Geräte aus und unternehmen Sie etwas, was Ihr eigenes wahres Leben bereichert. Am besten etwas, was Sie erfreut und in gute Laune versetzt. Danach werden Sie glücklich darüber sein, es erlebt und gefühlt zu haben.

Wenn Sie generell oft und viel von Neidgefühlen geplagt werden, nehmen Sie sich die Zeit, in sich hineinzuhören. Oftmals ist dies ein Signal, dass Sie kein selbstbestimmtes Leben führen. Erörtern Sie, welche Aspekte des Lebens für Sie wesentlich sind und wie sie diese in Ihren Alltag einbauen können. Sie erlangen erst Zufriedenheit, wenn Sie Ihr eigenes Leben in die Hand nehmen und auf sich selbst hören!

KAPITEL DREI

Wie wir uns von digitalen Fesseln befreien

Kontrolle über den Internetkonsum gewinnen

»Bestimme dich aus dir selbst.«

Schiller

Nervt es Sie, dass Sie sich immer vom Internet verführen lassen? Dann rufen Sie sich die folgenden fünf Buchstaben in Erinnerung: STOPP! So einfach ist das. Sprechen Sie das Wort laut aus. Sagen Sie es mehrmals hintereinander. »Stopp« ist Ihr magisches Wort, wenn Ihre Zeit online ausufert. »Stopp« heißt, dass Sie sich Ihr Leben nicht länger online diktieren lassen. »Stopp« bedeutet, dass Sie sich vom Internet losreißen. »Stopp« bezeugt, dass Sie Ihr Glück nicht in einer fiktiven Welt suchen. Sagen Sie sich »Stopp« und handeln Sie danach. Schließen Sie den Browser, legen Sie Ihr Smartphone weg, stecken Sie Ihr Tablet in die Schublade und fahren Sie Ihren Laptop herunter.

Wann immer Sie Schwierigkeiten haben, sich von der Online-Welt zu verabschieden, machen Sie sich klar: alles wird noch da sein, wenn Sie zurückkehren. Die gleichen Beiträge werden immer noch online zugänglich sein. Andere User sind immer noch aktiv. Sie verpassen keine weltbewegenden Veränderungen, die Sie nicht auch offline erfahren. Ihre internetfreie Zeit ist kein Rückschritt, sondern die Möglichkeit, die Welt um Sie herum wahrzunehmen und neu kennenzulernen. Das ist viel spannender und erfüllender als die ewige Wiederkehr der gleichen Online-Seiten und das Versacken vor Bildschirmen.

Zielgerichtetes Surfen ist unverzichtbar, wenn Sie Kontrolle über Ihren Internetkonsum gewinnen wollen. Fragen Sie sich, bevor Sie auf Ihren Laptop oder Smartphone schauen, was Sie online machen wollen. Welche Information wollen Sie konkret erfahren? Wird sich dieses Vorhaben positiv auf Ihr Leben auswirken und erfüllt es einen Zweck? Schreiben Sie »Muss das jetzt sein?« oder »STOPP« auf einen Zettel und kleben Sie ihn als visuelle Erinnerung an Ihren Computer oder Ihre Mobilgeräte.

Wichtig ist es vor allem, Dauer und Umfang des Internetgebrauchs einzuschränken. Schauen Sie sich Ihre Lieblingsseiten, sozialen Netzwerke, Apps und Favoriten an und wägen Sie ab, welche Sie aufgeben können.

Hier einige Denkanstöße:

Warum sind Sie auf diesen Seiten unterwegs?

Bereichern die dort erhaltenen Informationen Ihr Leben? Was fühlen Sie? Tragen die dadurch hervorgerufenen Gefühle zu Ihrem Wohlbefinden bei?

Wie fühlen Sie sich während und nach dem Besuch der Seiten? Entspannt? Erfreut? Oder verärgert, neidisch, ängstlich, betäubt?

Ist es der Besuch dieser Webseiten wert?

Müssen Sie wirklich jederzeit erreichbar und in Verbindung mit anderen stehen? Und zwar gleichzeitig über E-Mail, Instant Messenger und alle möglichen Social-Media-Kanäle?

Aus den Antworten ergibt sich, welche Apps, Accounts oder Lesezeichen Ihrer oft besuchten Seiten Sie am besten löschen. Seiten, die Ihnen wirklich Freude bereiten und Ihren Horizont erweitern, können Sie weiterhin besuchen und zielgerichtet aufrufen. In regelmäßigen Abständen, besonders, wenn sich Ihr Surfverhalten ändert oder Sie neue Apps benutzen, sollten Sie sich die oben genannten Fragen stellen und Löschvorgänge durchführen.

Versuchen Sie, Ihren Bildschirm mit Apps, Browser etc. sehr einfach und übersichtlich zu halten. Stellen Sie Ihre Browser-Startseite so simpel und schlicht wie möglich ein. Haben Sie dort eine Ihrer Lieblingsseiten auf Abruf parat, werden Sie bereits beim ersten Blick in den Sog hineingezogen. Plötzlich lesen Sie etwas über Ihren Modekanal, Ihre Lieblingsband, das Wetter oder die Festivals in Ihrer Stadt. Sie vergessen, warum Sie eigentlich online gehen wollten.

Denken Sie darüber nach, welche Apps auf welchen mobilen Endgeräten notwendig sind. Brauchen Sie wirklich all die Programme, die sich auf Ihrem Smartphone befinden? Könnten Sie zum Beispiel E-Mails nur daheim an Ihrem Rechner nachsehen, und nicht unterwegs? Oder für Social Media nur Ihr Tablet nutzen?

Legen Sie ein Zeitlimit für den Besuch und die Benutzung der Seiten fest, denen Sie weiterhin Zeit und Aufmerksamkeit schenken möchten. Unabsehbare Online-Dauer ist kritisch: kein festgelegter Endpunkt bedeutet kein Ende. Deshalb fragen Sie sich:

Wie viel Zeit am Tag nimmt mir der Besuch von Internet- und Social-Media-Seiten weg?

Lege ich mir einen Zeitplan für die Nutzung fest?

Halte ich den Plan ein?

Stellen Sie sich für das festgelegte Zeitfenster einen Wecker. Wenn Sie sich zum wiederholten Male nicht an das Zeitlimit halten können, ist es empfehlenswert, eine Weile komplett auf die Seite oder App zu verzichten. Dies setzt Disziplin voraus, aber gleichzeitig limitieren Sie den Frust, der entsteht, wenn Sie sich nicht rechtzeitig zum festgelegten Zeitpunkt von der Seite losreißen können.

Gehen Sie auf den Seiten niemals auf die »Vorschläge« für andere Videos oder Artikel ein.

Schauen Sie nicht einmal in die Richtung dieser weiterführenden Links. Ist der erste Blick getan, kommt man kaum noch von der Seite weg, oder landet auf anderen Websites.

Besuchen Sie zudem bestimmte Seiten nur an festgelegten Tagen der Woche. Auf diese Weise besteht ein geringeres Risiko, Zeit mit dem erfolglosen Suchen von Inhalt-Updates zu vergeuden. Tragen Sie die Zeiten in einen Kalender ein. Entwickeln Sie einen konkreten Plan mit Uhrzeit und Länge des Surfens. Dies hilft Ihnen, die Übersicht über Ihren Internetkonsum zu behalten.

Lesezeichen setzen wir für den Fall, dass wir sie in der Zukunft gebrauchen können: Irgendwann werden wir die Artikel schon lesen, die Videos angucken oder das Produkt bestellen. Verschwenden Sie nicht Ihre Zeit damit. Bleiben Sie in der Gegenwart. Welche Lesezeichen sind in Ihrem momentanen Leben von Bedeutung? Wetten, dass die meisten Artikel veraltet sind, die Schuhe in Ihrer Größe ausverkauft, und viele Seiten nur noch eine fehlende URL anzeigen, oder Sie keine Ahnung mehr haben, um welches Thema es sich gehandelt hat?

Überschätzen Sie nicht den Wert der Lesezeichen für zukünftige Pläne, zum Beispiel ein Kochrezept oder Bastelprojekt. Kommen Sie tatsächlich zu der Umsetzung Ihres Vorhabens, werden Sie Ihre alten Lesezeichen ignorieren und wieder von Neuem im Internet recherchieren. Sie wollen schließlich aktuelle Informationen. Wenn Sie sich also für einen Artikel oder Video online interessieren, schauen Sie sich diese sofort an, oder klicken Sie weg. Aber setzen Sie ihn nicht als Lesezeichen. Wollen Sie den Text unbedingt später lesen, oder das Video sehen, weil es Ihnen nützlich erschien, können Sie immer noch die Suchmaschine bedienen.

Ein weiterer Schritt für den maßvollen Umgang mit dem Internet ist das Festlegen von Benachrichtigungen. Sie bestimmen selbst, bei welcher Person oder welchen Gruppen Sie augenblicklich bei neuen Nachrichten informiert werden wollen und bei welchen nicht. Muss Ihr Smartphone jedes Mal piepsen oder blinken, wenn Sie eine Nachricht erhalten? Das Gleiche gilt für Neuigkeiten. Setzen Sie Grenzen: Müssen Sie sofort über alle Meldungen aus der Welt Bescheid wissen? Setzen Sie Ihre Internetfilter dementsprechend. Um sicher zu gehen, dass Sie Themen aus Ihrem

Interessensgebiet auf keinen Fall verpassen, legen Sie E-Mail-Benachrichtigungen für spezielle Namen oder Schlagwörter an.

Ratsam ist es, sich Zeiten für das Checken von E-Mails und Nachrichten festzulegen. Unaufhörlich nachzugucken nimmt sehr viel Zeit in Anspruch. Warten Sie lieber eine Weile, dann lohnt es sich auch wieder, nach neuen Benachrichtigungen zu sehen.

Melden Sie sich von allen überflüssigen E-Mail-Werbungen und Newslettern ab. Diese verstopfen nur Ihren digitalen Briefkasten und kosten beim Löschen und Aussortieren wertvolle Zeit. Zusätzlich ist es sinnvoll, Ihre E-Mail-Accounts zu minimieren. Benutzen Sie nur einen Account. Brauchen Sie unterschiedliche Namen für Ihre E-Mails, stellen viele Anbieter Alias-Adressen bereit, die alle an den gleichen digitalen Briefkasten geleitet werden.

Vergessen Sie nicht das Aufräumen und Ausmisten Ihrer Online-Freundeslisten auf den sozialen Netzwerken. Kennen Sie die Leute, mit denen Sie auf Ihren Plattformen »befreundet« sind? Nehmen Sie wahllos die Freundesanfragen jedes Unbekannten an? Wenn ja, warum? Wenn Sie diese »Freundschaften« nicht interessieren, oder nur für mehr Ansehen Ihre Freundesanzahl hochtreiben wollen: weg damit!

Sie sind sich möglicherweise unsicher, oder es ist Ihnen unangenehm, jemanden aus Ihrer »Freundschaftsliste« zu löschen. Entscheiden Sie, ob Ihnen die Kontakte am Herzen liegen, oder ob Sie nur Angst haben, beim Aussortieren als unhöflich und abweisend dazustehen. Fragen Sie sich, welche Gefühle Sie mit diesen Menschen verbinden, und ob Sie sich einen regelmäßigen Kontakt vorstellen können. Wenn Sie einige »Freundschaften« gelöscht und aussortiert haben, werden Sie sich erleichtert fühlen.

Das Gleiche gilt für die Seiten, die Sie »abonniert« haben und als »Follower« beobachten. Brauchen Sie dauernd Updates? Sind deren Fotos und Videos es wert, Lebenszeit zu investieren? Dies trifft auch auf uns selbst zu: Schränken Sie Ihre eigenen Postings und Videos ein, die Sie schreiben und hochladen. Lohnt es sich, die E-Mail zu schreiben? Ist das Video wirklich lustig und trifft es den Humor Ihrer Freunde, oder ist es nur peinlich? Ist das Foto tatsächlich so gut, dass es unbedingt von anderen gesehen werden muss?

Erlangen Sie die Kontrolle über Ihr Online-Verhalten und seien Sie bei allem wählerisch, was Sie sich im Internet ansehen und weiterverschicken. Sagen Sie »Stopp«, wenn der Internetkonsum wieder überhandnimmt.

Über den Umgang mit sozialem Druck

»Denn nichts ist schwerer und nichts
erfordert mehr Charakter, als sich in offenem
Gegensatz zu seiner Zeit zu befinden
und laut zu sagen: Nein.«

Tucholsky

Es ist schwer, sich nicht dem Druck zu beugen, dauernd online zu sein. Keiner will im digitalen Zeitalter als Außenseiter gelten und so folgen die meisten der Mehrheit. Und die ist nun mal einen großen Teil des Tages online.

Ist man einmal im Netz, hört der soziale Druck nicht auf. Auch in der digitalen Welt wird von uns verlangt, jederzeit unser Bestes zu geben und dabei glücklich zu sein. Soziale Netzwerke unterstützen und verstärken diesen Selbstoptimierungswahn. Sie bieten uns eine Plattform mit dem Versprechen und der Behauptung, durch sie die idealisierte Form unseres Selbst einem breiten Publikum vorzeigen zu können. User legen anhand von Social Plug-ins fest, wie beliebt, gefragt und siegreich die Teilnehmenden sind. Möglichst viele »Gefällt mir«-Klicks und Kommentare, geteilte Videos und »Freundschaften« bestimmen den Wert und die Popularität der Menschen. Auf Grundlage dieser Bewertung beurteilen sie andere, aber auch sich selbst. Das Problem hierbei ist: Dieser virtuelle Wert hat reale Konsequenzen. Ist die Bewertung positiv, erhalten die User ihre digitalisierte soziale Bestätigung. Ihr Selbstwertgefühl steigt. Die fehlende oder negative Beurteilung hingegen führt zu Anerkennungsdefiziten, Minderwertigkeitskomplexen und Probleme im sozialen Umfeld.

Während man selbst versucht, einen selbstbestimmten Umgang mit der virtuellen Welt zu pflegen, sehen das Eltern, Geschwister, Kinder und Freunde anders. Das Familienfoto von Weihnachten und das Video von unserem Geburtstag landen auf dem öffentlichen Social-Media-Album der Schwester, obwohl wir nicht wollen, dass dieses Material von Fremden betrachtet werden kann. Nicht jeder versteht diese Position; für die anderen ist das Hochladen von Fotos und Videos eine Normalität. Eine gegensätzliche Einstellung wird mit einem »Hab dich nicht so!« als verklemmt und übertrieben abgetan.

In solchen Fällen ist folgender Lösungsansatz ratsam: Lassen Sie von Anfang an die Situation nicht entstehen. Legen Sie dem Gegenüber Ihre

Meinung offen dar, und betonen Sie Ihren Wunsch nach Privatsphäre. Geben Sie Ihrer Familie bereits vorher Bescheid, wenn Sie nicht auf Fotos oder Videos sein wollen, die für Internetplattformen gedacht sind. Bleiben Sie hinter der Kamera und schießen Sie einfach selbst das Bild für Ihre Schwester. So hat Ihre Familie einen Fotografen und ein schönes Bild von sich, welches sie gleich hochladen können.

Die unterschiedliche Handhabung mit dem Hochladen von Bildern und Videos im Internet bietet einiges an Konfliktpotential. Eine Kamera in der Öffentlichkeit zu benutzen ist zu einer Selbstverständlichkeit geworden. Keiner wundert sich mehr, wenn das Smartphone gezückt und auf den Auslöser gedrückt wird. Die Inhalte werden oftmals im Internet hochgeladen und verteilt. Geraten Sie beim Filmen oder Fotografieren aus Zufall vor die Linse und möchten dies nicht, stößt dies häufig auf Unverständnis. Mittlerweile ist das digitale Aufnehmen in der Gesellschaft so legitimiert, dass man sich fast schämt, nicht im Bild sein zu wollen.

Die Allzweckwaffe gegen den sozialen Druck im Umgang mit dem Internet ist, »Nein« sagen zu können. Sowohl online als auch in Person. Blocken Sie, löschen Sie, klicken Sie »X« und wischen Sie weg! Vertrauen Sie auf Ihr Bauchgefühl. Erfüllen Sie keine Erwartungshaltungen, die andere an Sie und Ihr Online-Verhalten stellen. Zum einen wird Ihnen dies helfen, Ihren Internetgebrauch und Social-Media-Kanäle im Griff zu haben, zum anderen ist es purer Selbstschutz.

Sagen Sie »Nein« zum Selbstpräsentierungszwang im Netz, wenn Sie keine Lust darauf haben. Sagen Sie »Nein« zum Versenden von Daten, bei denen Sie sich unsicher sind und die Außenstehende nicht zu Gesicht bekommen sollen. Sagen Sie »Nein«, wenn Sie nicht Lust haben, Zeit und Nerven für eine neue App zu investieren, egal, wie sehr diese in Ihrem Bekanntenkreis angepriesen wird. Sagen Sie »Nein«, wenn Sie nicht möchten, dass jemand Ihr Foto online hoch lädt.

Behandeln Sie andere Menschen, wie Sie selbst behandelt werden wollen. Wenn Sie Dateien hochladen und im Internet teilen, achten Sie darauf, dass es niemand anderen stört oder kränkt. Bittet Sie jemand, ein Foto oder Video von sich aus ihren Social-Media-Kanälen zu entfernen, tun Sie es.

Wollen manche Ihrer Freunde nicht aufgenommen und im Netz gezeigt werden, akzeptieren Sie dies.

Die Gleichbehandlung gilt ebenfalls für das Beantworten von Nachrichten. Wenn Sie frei entscheiden wollen, ob und wann Sie antworten, müssen Sie dies auch anderen zugestehen. Niemand ist immer erreichbar und niemand besitzt die Verpflichtung, jederzeit erreichbar zu sein. Verschwenden Sie deshalb keine Lebenszeit und Energien mit dem Warten auf Benachrichtigungen. Die E-Mail wird kommen, wenn sie vom Sender abgeschickt wurde, nicht, weil Sie vor dem PC sitzen und darauf warten.

Machen Sie sich immer bewusst: Sie alleine bestimmen, wie Sie Ihr Leben gestalten und wie viel Sie davon preisgeben. Beim »Nein« sagen müssen Sie nicht unfreundlich werden. Seien Sie höflich, aber zeigen Sie, dass Ihre Position nicht zur Diskussion steht. Sie sind Ihren Mitmenschen keine Erklärung schuldig, auch wenn dies einige Personen als selbstverständlich erachten. Es kann sein, dass andere negativ reagieren, wenn Sie Ihre Handlungen nicht rechtfertigen wollen. Viele Benutzer werden es nicht verstehen, wenn Sie sich weigern, 24 Stunden am Tag mit dem Netz verbunden zu sein, und auch die Anmeldung bei den neuesten Apps ablehnen. Die meisten werden irritiert reagieren, dass Sie nicht jederzeit erreichbar sind. Manche Freundschaft, die nur über eine bestimmte Plattform lief, schläft ohne Account und sofortige Reaktionsbereitschaft erstmal ein. Damit müssen Sie rechnen und das ist in Ordnung. Das gehört zum Prozess, ein selbstbestimmtes und zufriedenes Leben mit erfüllenden Beziehungen zu führen.

Sie haben ein Recht auf Passivität und auf Unerreichbarkeit! Sie entscheiden, ob Sie auf Nachrichten und Anrufe reagieren möchten oder nicht. Sie bestimmen, was Sie sich im Internet anschauen, äußern und zeigen. Seien Sie stark, lernen Sie, »Nein« zu sagen und sich nicht dem Druck anderer zu beugen.

Aufschieben und das Internet

»Während wir aufschieben,
hastet das Leben vorbei.«

Seneca

Wir sind besonders gerne im Internet unterwegs, um unangenehme oder langweilige Tätigkeiten zu vermeiden. Statt morgens aus dem Bett zu steigen, Zähne zu putzen und uns anzuziehen, nehmen wir das Smartphone in die Hand und schauen nach neuen Nachrichten. Im Büro starren wir ununterbrochen auf unser Smartphone, um den Beginn des aktuellen Arbeitsprojektes zu vermeiden. Der Anruf beim Arzt muss warten, zuerst werden digitale Fantasiewesen via Smartphone gefangen. Die letzten Seiten der Abschlussarbeit müssen bis nächste Woche geschrieben werden, was jedoch hinausgezögert wird durch Besuche von Lieblingsseiten und wahllosem Surfen. Die Zubereitung des Abendessens verschiebt sich trotz Magenknurren, da zuerst Videos geschaut und kommentiert werden müssen. Nachts kommen wir nicht zum Schlafen, weil uns die Welt des Onlinerollenspiels gefangen hält.

Kommt Ihnen das bekannt vor? Dann gehören Rechtfertigungen und Entschuldigen zu Ihrem Alltag:

Sie sagen sich, dass morgen auch noch ein Tag ist, um die lästigen Tätigkeiten zu erledigen, aber man kann nie wissen, was gerade online verpasst wird. Später haben Sie garantiert mehr Lust auf die Aufgaben, Sie fühlen sich nur gerade nicht danach. Die Tätigkeit ist zu kompliziert, zu langweilig, zu komplex, oder Sie haben keine Vorstellung davon, wie Sie anfangen sollen. Unter Druck arbeiten Sie sowieso am besten, deswegen können Sie sich ruhig noch Zeit mit dem Anfangen lassen. Vielleicht wollen Sie auch einfach nur ein paar Minuten online sein vor dem Erledigen, aber daraus werden Stunden. Oder: Sicherlich wollen Sie die Aufgaben erledigen, aber bevor die Arbeit losgeht, brauchen Sie einen kleinen Motivationsschub und den holen Sie sich schnell im Internet.

Mit Vorliebe schleicht sich hier unser Zwang nach Perfektionismus und Selbstoptimierung ein, welche wir uns selbst als notwendige Internetrecherche verkaufen. Wollen Sie gesünder essen, verbringen Sie Stunden im Internet auf der Suche nach den besten Ernährungstipps, anstatt sofort den anstehenden Supermarktbesuch zu erledigen. Wir entrümpeln nicht das eigene Haus, sondern bestaunen auf Videoplattformen die minimalistischen Wohnungen von Fremden. Wir schauen uns Vlogs und Dokumentationen über Waldbewohner und essbare Beeren an, aber gehen nicht in die Natur. Alles unter dem Vorwand, dass wir uns im Internet ermuntern und anspornen lassen wollen.

Beim Aufschieben setzen wir unsere Prioritäten zugunsten des World Wide Webs. Sind wir online, verdrängen wir die eigentliche Arbeit. Zwar ist die Auswahl im Internet vielfältig; trotzdem erfüllt uns das wahllose Surfen auf Dauer nicht. Meistens langweilen wir uns sogar, weil es auf unseren Lieblingsseiten keine neuen Informationen oder Unterhaltung gibt, und das Klicken und Tippen in Hoffnung auf Aktualisierungen umsonst ist. Aber wehe, man könnte stattdessen unschöne oder aufgeschobene Arbeiten erledigen!

Aufschieberitis, im Fachjargon Prokrastination genannt, ist das Aufschieben von unangenehmen Aufgaben mit belanglosen Beschäftigungen, die als verlockender empfunden werden. Je weiter entfernt mögliche Konsequenzen und Folgen für die aufschiebende Person liegen, umso mehr Zeit wird verschwendet. Die allgegenwärtige Option des Internetzuganges macht es immer leichter, uns mit Aufschieberitis anstecken zu lassen. Wenn Sie es auch nicht wahrhaben möchten: Surfen im Internet gehört überwiegend zu den unwichtigen Beschäftigungen des Lebens!

Heutzutage ist man durch das Netz jederzeit erreichbar und nur einen Klick entfernt. Und ist man online, bietet es zahllose Möglichkeiten der Ablenkung und der Zerstreuung. Ist eine Person in der Lage, weiterhin seine persönlichen, sozialen und beruflichen Verpflichtungen termingerecht zu erfüllen, erscheint das permanente Abtauchen ins Netz als eine harmlose Eigenart. Ändert sich das jedoch, kann dies schnell in gewaltigen Stress und in massive Probleme im beruflichen und privaten Alltag ausarten. Im schlimmsten Fall ist bei mangelnder Leistung und unpünktlich erledigten Tätigkeiten ein sozialer Abstieg möglich.

Indem wir die Beweggründe der Aufschieberitis identifizieren, verändern wir bewusst unser Verhalten und vermeiden in Zukunft, das Internet als Fluchtort aufzusuchen. Nehmen Sie sich vor, jedes Mal, wenn Sie etwas aufschieben wollen, den Grund dafür zu notieren. Mit der Zeit werden Sie erkennen, an welchen Stellen Ihre größten Stolpersteine lauern.

Viele Menschen leiden unter den an sich selbst gestellten hohen Ansprüchen. Sie streben nach Perfektionismus und erwarten, jede Angelegenheit hundertprozentig »richtig« machen zu können oder zu müssen. Fehler dürfen ihnen nicht unterlaufen. Lieber führen sie eine Angelegenheit nicht durch, als eine vermeintliche Niederlage zu riskieren.

Unentschlossenheit und Überforderung sind weitere Fallstricke, die uns begegnen, wenn wir uns mit der Erledigung einer Aufgabe konfrontiert sehen. Wir befürchten, dass wir der Aufgabe nicht gewachsen sind.

Um dagegen anzusteuern, halten Sie sich immer wieder vor Augen, dass uns ein unrealistisches Streben nach maßloser Perfektion hemmt und unsere Lebensfreude mindert. Stellen Sie keine zu hohen Anforderungen an sich. Seien Sie nachsichtig mit sich selbst, wie Sie es bei guten Freunden sind.

Manchmal mangelt es schlicht und einfach an Ausdauer und Selbstkontrolle, eine Tätigkeit in Angriff zu nehmen. Es gibt allerdings auch Menschen, die glauben, dass sie die Aufregung und das Adrenalin brauchen, um Aufgaben im letzten Moment zu erledigen.

Es gibt verschiedene Tipps und Tricks, wie man mit Prokrastination umgeht: Aufgaben erscheinen nicht mehr so überwältigend, wenn man sie in kleine Schritte unterteilt. Erstellen Sie sich dafür Listen, komplett mit einem Schlachtplan für Ihr Zeitmanagement. Planen Sie die benötigten Zeiträume großzügig ein. Seien Sie dabei so konkret wie möglich. Ungenaue Zeitangaben, zum Beispiel das Erledigen der Uni-Präsentation am Sonntagnachmittag, oder das Aufräumen des Dachbodens am Wochenende, verleiten Sie dazu, alles zu verzögern und wieder auf später zu verschieben. Tragen Sie stattdessen 15 Uhr Sonntag für die Vorbereitung des Referats ein, und teilen Sie das Wochenende in einzelne Termine für die Entrümpelung auf.

Überlegen Sie zudem, an welchen Zeiten Sie besonders produktiv sind, und wann Sie Ihr »Mittagstief« einholt. Vielleicht konzentrieren Sie sich abends besser, oder haben nur morgens die Energie für die Arbeit. Haben Sie eine Routine entwickelt, kann sich Ihr Geist und Körper darauf einstellen, und die Versuchung, sich durch das Internet abzulenken, ist geringer.

Ineffektiven Verhaltensweisen können Sie vorbeugen, indem Sie Ihre Denkmuster und Eigenarten analysieren. Wenn Sie zum Beispiel ein Mensch sind, der sich schnell ablenken lässt, überlegen Sie, wie Sie es in Zukunft verhindern können, in Versuchung zu geraten. Sind Sie eher dazu geneigt, sich antriebslos und demotiviert zu fühlen, sollten Sie an Anreizen und Ansporn arbeiten. Vergessen Sie oft Erledigungen und Termine, müssen Sie ein System erstellen, welches dem entgegenwirkt und Sie rechtzeitig an die Aufgaben erinnert. Lassen Sie sich leicht verunsichern und zweifeln an Ihren Qualitäten, rufen Sie sich ins Gedächtnis, welche Projekte Sie bereits erfolgreich abgeschlossen haben und welche Stärken Sie besitzen. Was auch immer Sie negativ beeinflusst, machen Sie sich Ihre Eigenheiten bewusst und steuern Sie dagegen an.

Aller Anfang ist schwer. Wenn Sie absolut keine Motivation finden, nehmen Sie sich vor, zehn Minuten zu arbeiten. Bevor Sie es merken, sind Sie bereits so in Ihre Aufgabe vertieft, dass Sie weitermachen! Meistens stellt sich heraus, dass die Erledigung der Sache nicht so anstrengend oder langweilig ist, wie man dachte.

Setzen Sie sich Zeitlimits, in denen das Internet nicht zur Unterhaltung benutzt werden darf, besonders, wenn Sie am PC oder Laptop arbeiten. Halten Sie sich daran! Notfalls blockieren Sie Internetseiten. Wenn Sie nicht für Ihre Arbeit online sein müssen: WLAN/Modem aus.

Bei manchen Menschen funktioniert es am besten, wenn sie sich die Konsequenzen klarmachen, die folgen werden, wenn sie eine Aufgabe nicht fertig stellen, oder nicht termingerecht abgeben. Malen Sie sich den Stress aus, wie Sie auf die letzte Minute das Schreiben aufsetzen, oder die Überweisung durchführen. Stellen Sie sich das enttäuschte Gesicht Ihres Kindes vor, wenn Sie nicht endlich bei seinem Spielroboter die Batterien wechseln, oder wie verärgert Ihr Nachbar sein wird, wenn er weiterhin auf seine ausgeliehene Säge warten muss. Führen Sie sich vor Augen, wie gefährlich es ist, wenn Sie den Reifenwechsel nicht vor dem ersten Schnee erledigt haben.

Denken Sie darüber nach, wie häufig Ihnen Ihr Aufschieben Probleme bereitet hat: Stress. Verpasste Möglichkeiten. Ärger mit Familie, Freunden oder Arbeitgeber. Wollen Sie Ähnliches wieder durchmachen, oder Ihr Leben stressfreier und produktiver gestalten?

Bei größeren und langfristigeren Plänen, bei denen Sie über eine längere Zeit durchhalten müssen, hilft die Technik der Visualisierung. Träumen Sie und stellen Sie sich vor, wie Ihre Wünsche aussehen und wie gut es sich anfühlt, diese im Leben umzusetzen. Stellen Sie sich konkret die Situation vor, wie Sie Ihrer Familie und Freunden mitteilen, was Sie erreicht haben. Wie sagen Sie es ihnen? Wie fühlen Sie sich dabei? Wie reagieren die Familienmitglieder?

Machen Sie eine Collage mit Bildern und Ausschnitten, die das repräsentieren, was Sie erreichen wollen. Verzichten Sie dabei auf eine »virtuelle Pinnwand« mit Online-Bildern, sondern nehmen Sie selbst Schere und Kleber in die Hand und gehen Zeitschriften und Prospekte durch. Sie können auch malen und basteln, und diese Werke als Kunst dazu kleben. Wann immer Sie sich motivieren möchten, schauen Sie sich Ihre Sammlung an und stellen Sie sich Ihren Erfolg bildlich vor. Saugen Sie all diese positiven Emotionen auf und nehmen Sie sie als Antrieb für Ihr Projekt. Auch wenn Ihre Arbeit Zeit und Kraft in Anspruch nimmt, kommen Sie so langsam an Ihr Ziel.

Achten Sie bei Ihrer Arbeit und Erledigungen auf Ihren Geist und Körper. Bei Übermüdung, Überanstrengung sowohl bei Durst und Hunger braucht Ihr Körper eine Pause. Arbeit am Computerbildschirm unterdrückt Signale unseres Körpers. Ohne sich der Ursache bewusst zu sein, fühlen Sie sich energielos. In diesem Fall ist eine Pause Pflicht. Strecken Sie sich, schauen Sie aus dem Fenster, trinken Sie Wasser oder essen Sie einen Snack. Hören Sie auf Ihren Körper, indem Sie mehrmals tief ein- und ausatmen und nachfühlen, an welcher Stelle Sie Schmerzen spüren bzw. angespannt sind. Legen Sie einen Zeitplan fest, damit Pausen, Essen und Trinken von vorneherein nicht zu kurz kommen.

Wesentlich ist es, erkennen zu können, wann es an der Zeit ist, die Aufgaben liegen zu lassen und sie tatsächlich »aufzuschieben«. Entspannen Sie sich, schließen Sie Ihre Augen und machen Sie ein Nickerchen. Was Sie auf keinen Fall machen dürfen: Ihre Pause bzw. Aufschieberei zum Online gehen nutzen! Wenn Sie zu müde und entkräftet sind, Ihre Aufgabe zu verrichten, braucht Ihr Körper Ruhe, und will nicht durch Bildschirmflackern zusätzlich belastet und künstlich wachgehalten werden.

Was auch immer Sie im Leben bremst: verschließen Sie nicht Ihre Augen davor. Schauen Sie hin und identifizieren Sie die Gründe für Ihr Aufschieben. Haben Sie erkannt, was Ihnen im Weg steht, entwerfen Sie einen passenden Plan und arbeiten gegen Ihre mentalen Barrieren an. Besonders, wenn Sie am PC arbeiten müssen, stellt das Internet eine Falle zur Ablenkung dar. Seien Sie sich dessen bewusst und erinnern Sie sich daran: Aufschieberitis durch Internetkonsum ist eine Abwärtsspirale, der Sie nur unter Schwierigkeiten entkommen können. Es nimmt Ihnen die Freiheit, Ihr Leben selbst zu gestalten. Geben Sie dem Internet keinen Vorrang.

Grenzen setzen
bei der Online-Arbeit

>»Was ohne Ruhepausen geschieht,
ist nicht von Dauer.«
>
> Ovid

Das Netz ist für die Arbeitswelt nicht wegzudenken. Immer mehr Menschen sind beruflich an das Internet gebunden. Laptop und Internetanschluss machen es möglich, von Zuhause aus für den Arbeitgeber zu arbeiten, oder selbständig Geld für seinen Lebensunterhalt zu verdienen. Dabei tritt immer häufiger eine Verschmelzung zwischen Privat- und Berufsleben ein. Dies kann dazu verleiten, dass man, trotz Feierabend und Erschöpfung, außerhalb der »Bürozeiten« arbeitet, und somit nachhaltig seiner körperlichen und geistigen Gesundheit schadet.

Die vielfältigen Kontaktmöglichkeiten über E-Mail, Social Media und Instant Messenger machen berufliche Anfragen nach Feierabend zu keiner Seltenheit mehr. Man sieht es als selbstverständlich an, im Urlaub oder am Wochenende für arbeitsbedingte Probleme erreichbar zu sein, und sei es nur das Checken und Beantworten von E-Mails. Es ist nicht verwunderlich, dass Verfügbarkeit, sofortige Bereitschaft und Überstunden immer öfter erwartet werden. Manche Menschen setzen sich selbst stark unter Druck, weil sie eine Beförderung oder eine Vertragsverlängerung erhoffen, oder einfach ihren Ehrgeiz unter Beweis stellen wollen. Sie geben alles, um den Erwartungshaltungen gerecht zu werden, oder sie sogar zu übertreffen. Der Preis ist jedoch hoch. Sie arbeiten bis zur Erschöpfung. Ihnen fehlen oftmals ausreichende Pausen, sie verspüren ohne Internetverbindung wachsende Nervosität, und ihr Privatleben leidet, da sie die Arbeit permanent über ihre Beziehungen und Freizeit stellen.

Auch für Menschen, die selbstständig auf Social Media mit Hilfe von Sponsoren und Produktplatzierungen ihr Einkommen erzielen, ist es schwer, zwischen Privat- und Berufsleben zu unterscheiden. Ein Vlogger, der seinen Alltag mit der Kamera filmt und das Material seinem Publikum präsentiert, findet kaum Pause, sein Leben ohne Aufzeichnung zu genießen. Jedes Erlebnis ist für ihn eine potenzielle Einnahmequelle im Internet. Besonders Einblicke in seine intimen Momente bringen Klicks, und so gibt er mehr und mehr von sich preis. Ist noch der Anspruch gegeben, ein perfektes Leben präsentieren zu müssen, ist der Vlogger tagtäglich damit beschäftigt, dieses Image aufrechtzuerhalten.

Die Allgegenwart des Internets steigert zusätzlich die Gefahr der Ablenkung, und somit eine unnötige Arbeitszeitverlängerung. Wahllose Internetaktivitäten beeinträchtigen die Produktivität beim Arbeiten. Angestellte, die aufgrund Ihrer Arbeit im Büro keinen oder nur eingeschränkten Zugriff zum Internet besitzen, sind davon weniger betroffen. Home-Office und Selbstständigkeit macht es jedoch oftmals schwer, Online-Zeiten einzugrenzen. Zu verführerisch ist es, die Arbeit aufzuschieben, um online eine längere Pause zu machen. Energie und wertvolle Arbeitszeit gehen dafür verloren.

Ob Sie als Angestellter, Freiberufler, Selbstständiger oder Student tätig sind: Für Menschen, die online arbeiten, ist es besonders wichtig, eine Grenze zwischen professionellen und privaten Internetgebrauch zu ziehen. Lernen Sie, einen gesunden Umgang mit dem Internet zu praktizieren, sowie feste Regeln einzuführen und umzusetzen.

Legen Sie sich realistische Arbeitszeiten fest und halten Sie diese möglichst ein. Arbeiten Sie ergebnisorientiert und halten Sie sich regelmäßig Ihr Ziel vor Augen. Das motiviert Sie zum Durchhalten. Wann immer Sie im Internet recherchieren müssen, bleiben Sie auf den relevanten Seiten und klicken Sie nicht weiter als nötig.

Achten Sie auf Ihren Schreibtisch und halten Sie ihn stets so, dass es Ihnen Freude bereitet, am Tisch zu arbeiten. Ob dies Fotos von Ihren Liebsten, Dekorationen oder eine leere Oberfläche bedeutet, ist Ihnen überlassen. Organisieren Sie Ihre Arbeitsmaterialien so, dass Sie den Überblick haben und jederzeit an notwendige Unterlagen kommen. Dies gilt auch für die Dateien auf dem Laptop oder PC; setzen Sie für sie ebenfalls ein Ordnungssystem fest. Müssen Sie nicht auf Anrufe oder Ähnliches reagieren, schalten Sie Ihr Smartphone während der Arbeitszeit aus, oder legen Sie es zumindest lautlos gestellt weg. Keinesfalls darf es Ihre Konzentration stören, oder Sie in Versuchung führen, private Nachrichten zu lesen.

Passen Sie die Vorschläge an Ihre individuelle Situation und Ihre Arbeitsbedingungen an:

Als Student sollten Sie auf fachspezifische Datenbanken zurückgreifen, wenn Sie eine Hausarbeit fertig stellen müssen. Verlieren Sie sich nicht im endlosen Suchen und Surfen im Word Wide Web. Ihre Kommilitonen kennen bestimmt das Problem, sich online leicht ablenken zu lassen. Bilden Sie zusammen Arbeitsgruppen; in der Zeit darf niemand an sein Smartphone oder im Internet surfen. Instant Messenger und E-Mails erleichtern das schnelle Kontaktieren bei Gruppenarbeiten, aber lenken genauso gut ab. Versuchen Sie lieber, sich zwischen Veranstaltungen zu treffen, um kleinere Angelegenheiten zu besprechen. Prüfen Sie, ob sich Ihre Universität bereits dem Thema des Umgangs mit dem Internet gewidmet hat, und Veranstaltungen oder Studentenhilfen anbietet. Wenn dies noch nicht der Fall ist, könnten Sie selbst eine Aktion in die Wege leiten.

Sind Sie Blogger oder Vlogger, merken Sie sich: Nicht jedes Ereignis im Leben muss als Vlog oder Blog im Internet erscheinen. Im Gegenteil, machen Sie sich interessanter für Ihr Publikum, indem Sie nicht jedes Detail Ihres Lebens online stellen und sich Ihre Privatsphäre bewahren. Folglich gewöhnen Sie es sich ab, immer eine Kamera am Laufen zu haben, oder sich dauernd Notizen zu machen. Legen Sie auch stets Zeiten fest, an denen Sie auf Social Media aktiv sind, und auf Nachrichten und Kommentare von Ihren Lesern und Zuschauern reagieren. Diese Eingrenzung verschafft Ihnen einen Überblick, wie lange Sie dafür online sind.

Im Home-Office ist es unverzichtbar, diszipliniert und zielorientiert zu arbeiten. Niemand schaut Ihnen über die Schulter und Sie tragen verstärkt die Verantwortung, sich nicht ablenken zu lassen. Um die Produktivität während Ihrer Arbeit zu erleichtern, wählen Sie möglichst einen Ort, an dem Sie immer arbeiten und den Sie nicht in der Freizeit nutzen. Ein Signal für das Gehirn, dass hier immer wiederkehrend Arbeit erledigt wird.

Setzen Sie sich eine Uhrzeit, an der Sie Feierabend machen. Führen Sie für das Beenden der Arbeitszeit ein Ritual ein, wie das Organisieren und Zusammenräumen Ihrer Sachen, oder das Anschalten Ihres Smartphones. Im Home-Office haben Sie die Möglichkeit, zu bestimmten Uhrzeiten zu arbeiten, an denen Sie besonders kreativ und energiereich sind. Das mag um fünf Uhr morgens, oder um 22 Uhr abends sein. Zensieren Sie nicht Ihre Zeit der Produktivität, aber achten Sie auch hier darauf, dass Ihre Arbeitszeit nicht über-schritten wird.

Wenn es Ihnen schwerfällt, nach Feierabend zu entspannen, und Sie immer online sind, um auf dem neuesten Stand für Ihre Arbeit zu sein, soll-ten Sie Ihr Freizeit- und Arbeitsverhältnis über-denken. Auch wenn es Ihnen anfänglich Schwie-rigkeiten bereitet: Wägen Sie ab, auf welche Auf-gaben Sie verzichten und welche Sie an andere de-legieren könnten.

Kalkulieren Sie zudem bewusst Auszeiten ein, genauso, wie Sie Ihre Arbeitstermine im Kalender eintragen. Was können Sie tun, um nach der Ar-beit abzuschalten? Legen Sie eine Liste mit ent-spannenden Aktivitäten an. Für Sie könnte dies Sport bedeuten, oder das Lesen eines Buches. Und nein, nicht eines, was sich von der Thematik her mit Ihrer Arbeit beschäftigt! Gewinnen Sie lieber Abstand und lassen Sie Ihre Gedanken schweifen. Neue Ideen und Motivation für Ihr Arbeitsprojekt werden dann ohne große Anstrengung von al-leine kommen.

Lassen Sie sich nicht von irrelevanten Seiten im Netz ablenken, und überziehen Sie nicht ständig Ihre Arbeitszeit. Das konsequente Setzen von

Grenzen bezüglich Ihrer Arbeitswelt wird von großem Nutzen für Sie sein. Halten Sie sich daran, werden Sie mit Antrieb und Schaffenskraft belohnt. Eine gesunde Balance zwischen Arbeit und Freizeit wird Sie und Ihre Beziehungen bereichern.

Digitaler Detox

»Man verliert nicht immer,
wenn man entbehrt.«

Goethe

Eine effektive Möglichkeit, sich aus dem wirren Online-Netz zu befreien, ist der kalte Entzug. Sehen Sie sinnloses Surfen und übertrieben langes Online sein als eine Art »Gift«, welches Ihrem Körper und Geist schadet, und von dem Sie sich mit einer Entgiftungskur reinigen müssen. Der Reizüberflutung und Zeitverschwendung wird Einhalt geboten. Digitale Beeinflussung und Lenkung werden ausgeschaltet. Sie tanken im internetfreien Raum neue Energie und finden wieder zu Ihrem wahren und gesunden Selbst zurück.

Digitalen Detox durchzuführen hat sich zu einem Trend entwickelt. Mittlerweile bieten sogar Hotels digitale Auszeiten an, und Camps entstehen, in denen internetfreie Zeit praktiziert wird. Lassen Sie doch beim nächsten Urlaub ebenfalls Ihr Smartphone und Tablet zu Hause. Essenziell ist es, Ihren Detox zu Hause umzusetzen. Je mehr Sie digitale Auszeiten in Ihren Alltag integrieren können, umso besser.

Planen Sie Tage ein, an denen ein digitaler Detox konsequent durchgeführt wird, und Sie sich »entgiften« können. Setzen Sie konkrete Zeiten fest, oder nehmen Sie sich vor, bei bestimmten Unternehmungen das Smartphone wegzulassen, zum Beispiel beim Essen oder wenn Sie Zeit mit Kindern verbringen.

Selbst wenn Sie es anfänglich nur für eine Stunde schaffen, offline zu gehen: diese Zeit ist eine heilende Zeit, frei von digitalen Fesseln. Unternehmen Sie einen Spaziergang, oder legen Sie eine Wellness-Stunde in Ihrem Bad ein. Nutzen Sie das digitale Abschalten, um die Ruhe und das Alleinsein zu genießen. Lassen Sie Ihren Gedanken freien Lauf und erfreuen Sie sich an ihnen. Sie sind kreativ und voller guter Ideen, wenn Sie es nur zulassen. Natürlich können Sie auch Zeit mit anderen Menschen verbringen. Animieren Sie Ihre Freunde, selbst am digitalen Detox teilzunehmen. Treffen Sie sich, statt am Laptop oder Smartphone zu hängen.

Weihen Sie Ihre Familie und Ihren Freundeskreis ein, dass Sie digitale Pausen einlegen. Geben Sie denjenigen Bescheid, die sich sonst wundern und sorgen würden, wenn Sie nicht sofort oder im Laufe des Tages online erreichbar sind.

Machen Sie sich darauf gefasst, dass die Umstellung von Internetkonsum zum digitalen Detox mitunter schwierig sein kann. Schlechte Laune und Unruhe können aufkommen, da Sie gegen Ihre Angewohnheiten ankämpfen müssen und Angst haben, online etwas zu verpassen. Anfänglich kann es Sie sogar nervös machen, beim Spaziergang keine Nachrichten zu checken, oder keine Fotos machen und posten zu können. Oder Ihnen fällt keine Idee ein, was Sie mit Ihrer freien Zeit anfangen könnten. Da sind Konsequenz und Durchhaltevermögen gefragt, damit Sie nicht in Ihre alten Muster verfallen und zum Tablet oder Smartphone greifen!

Die digitale Entgiftung gibt Ihnen zudem die Gelegenheit, Ihre Gepflogenheiten und Klick-Verhalten unter die Lupe zu nehmen. Jedes Mal, wenn Sie zum Smartphone oder Laptop greifen wollen, fragen Sie sich: warum? Bin ich gelangweilt, aufgeregt oder unzufrieden? Was verspreche ich mir in diesem Moment vom Checken meiner Nachrichten oder Social Media? Erkennen Sie Ihre Verhaltensmuster, können Sie leichter etwas dagegen unternehmen und es von Anfang an unterbinden.

Führen Sie Ihren digitalen Detox kontinuierlich durch. Seien Sie hart mit sich. Wenn Sie nur einmal im Jahr für einen halben Tag offline gehen, ist der Nutzen gleich null. Zehn Minuten bewusste Offline-Zeit täglich ist ein Anfang, den Sie nach und nach ausbauen können. Klappen Sie Ihren Laptop fünf Minuten früher zu und unterlassen Sie das wiederholte Antippen einer App. Praktizieren Sie Selbstkontrolle. Wenn Sie Ihr Vorhaben durchsetzen und durchhalten, werden Sie stolz auf sich sein! Tragen Sie die Zeiten in einen Kalender ein, oder hängen Sie sich eine Notiz an den Kühlschrank. Bitten Sie Ihre Familie und Freunde, Sie zu unterstützen und bei Nichteinhaltung zu motivieren, es erneut zu versuchen.

Nach einer Weile haben Sie sich an die Regelmäßigkeit eines digitalen Detox gewöhnt. Noch besser: Sie genießen die digitalen Auszeiten und Social-Media-Abstinenz immer mehr und sehnen sich danach. Es ist unheimlich befreiend, nicht von mobilen Endgeräten abhängig zu sein. Nach und nach verbringen Sie immer weniger Zeit online und sagen »Hallo« zu Ihrem neuen aufregenden und zufriedenen Leben.

KAPITEL VIER

Wie wir uns vor der Omnipräsenz des Internets schützen

Rettung vor digitaler Überlastung

»Die Weisheit des Lebens besteht im
Ausschalten der unwesentlichen Dinge.«
Chinesisches Sprichwort

Unser Zuhause ist unser Rückzugsort, der uns vor der Außenwelt schützt. In unseren vier Wänden sammeln wir Kräfte für die vielen Aufgaben, die das Leben an uns stellt. Wenn es an der Tür klingelt oder klopft, vergewissern wir uns aus Selbstschutz, wer Einlass will. Wir entscheiden, ob wir die Tür aufmachen wollen oder nicht. Unser digitales Tor öffnen wir jedoch, ohne zu hinterfragen. Störfaktoren können sich 356 Tage im Jahr, 24 Stunden am Tag unbemerkt in unsere Zimmer einschleichen: Der Laptop liegt auf dem Schoss, das Smartphone in der Hand und das Tablet in der Nähe. Alle verbunden mit dem Internet. Auch schaden uns diese Geräte körperlich in Form Ihrer Strahlung und Belastung für Augen und Haltung. Ohne Pause, immer erreichbar, jederzeit online.

Abhilfe schaffen mobilgerätfreie Zonen. Fangen Sie in Ihrem Schlafzimmer an. In diesem Raum müssen Sie am Morgen frisch in den Tag starten und am Ende des Tages entspannen. Wenn Sie versuchen, Bildschirme als Einschlafhilfe zu nutzen, bewirken Sie das Gegenteil: die Strahlung der Geräte halten uns wach. Die blauen Wellenlängen des Lichtes von Smartphone, Tablet und Co hindern unseren Körper an der Ausschüttung des Schlafhormons Melatonin. Zwar gibt es auf dem Markt inzwischen Blaulichtfilter, die das blaue Licht dimmen sollen, aber auch die sind kein kompletter Schutz. Das Bundesamt für Strahlenschutz empfiehlt, die Strahlenbelastung durch elektromagnetische Felder möglichst gering zu halten. Denken Sie nicht im Traum daran, Ihr Smartphone nachts in der Nähe Ihres Körpers liegen zu lassen. Nicht nur, dass Sie den Strahlen ausgesetzt sind, Sie werden nachts immer das Gefühl haben, Ihr Handy checken zu müssen, weil sich jemand gemeldet haben könnte, oder es Neuigkeiten gibt. Keiner kommt so zur Ruhe. Wenn sich das Modem in Ihrem Schlafzimmer befindet, deaktivieren Sie WLAN oder ziehen Sie den Stecker zur Schlafenszeit heraus.

Beginnen und beenden Sie nicht den Tag mit dem Smartphone in der Hand. Legen Sie diese Angewohnheit ab. Greifen Sie durch und bannen Sie

gleich alle elektrischen Geräte aus Ihrem Schlafzimmer, auch das WLAN-fähige Fernsehgerät mit
seinen Film- und Fernsehangeboten.

Ihre Küche können Sie ebenfalls frei von Smartphones und Tablets halten, besonders zu Essens-
zeiten. Statt auf ein Display zu starren, genießen
Sie jeden Bissen. Seien Sie für jedes Essen dankbar. Kauen Sie langsam. Auf diesem Wege nehmen Sie bewusst das Essen auf, und Ihr Körper
kann seine Sättigung rechtzeitig signalisieren. Auf
Dauer kann dies Ihnen helfen, Ihr Idealgewicht zu
erreichen und zu halten. Sind Sie alleine, genießen
Sie die Zeit für sich. Haben Sie Gesellschaft am
Tisch, bleibt diese Zeit für Gespräche und gemein-
sames Genießen reserviert. Dieses Zusammen-
kommen macht Spaß und tut uns gut, weil wir im
Kontakt mit anderen stehen und unsere Gefühle
und Erlebnisse mitteilen. So nehmen Sie gegenseitig am Tag des anderen teil und tauschen sich
über das aus, was Sie momentan beschäftigt. Auf
diese Weise werden Beziehungen zwischen Paa-
ren, Mitbewohnern und Familienmitgliedern gestärkt und der Zusammenhalt gefördert.

Motivieren Sie Ihre Familie oder Mitbewohner,
sich an den mobilgerätefreien Räumen zu beteiligen. Erklären Sie ihnen, was Sie zu diesem Schritt

bewegt hat, und welche Vorteile dies mit sich bringt: Mehr Freiheit, mehr Kreativität, mehr Wahrnehmung, mehr Achtsamkeit und mehr Lebendigkeit, um nur einige zu nennen. Bestimmen Sie zusammen freie Zonen. Fragen Sie nach, welche Zeiten für Ihre Mitbewohner geeignet wären. Für hartnäckige Fälle sind zeitliche Regelungen bei der Umsetzung hilfreich. Zum Beispiel wird gemeinsam die Uhrzeit und Zeitspanne festgelegt, an denen sich jeder an die Vorgaben hält. Vielleicht hat Ihre Familie Lust auf einen Wettbewerb? Wer es am längsten ohne Internet aushält, ist der Sieger!

Wollen sich die anderen nicht beteiligen, achten Sie auf sich und sorgen Sie für Ihr eigenes Wohl. Wenn die anderen sehen, wie gut Ihnen die mobilgerätefreie Zeit tut, schließen sie sich Ihnen vielleicht an, oder machen sich zumindest Gedanken darüber. Wollen Sie einen draufsetzen? Suchen Sie sich weitere Räume aus, die eine Sperrzone für Smartphone, Tablet und Laptop sind. Weiten Sie Ihre Regelungen auf Fernsehgeräte aus. In diesen Räumen werden Aufgaben erledigt, Bücher und Zeitschriften gelesen, Zeit mit Spielen und Entspannung verbracht; frei von Elektrogeräten.

Das Schöne an unserem Zuhause sind die vielen Möglichkeiten, die wir haben, unser digitales Leben ruhen zu lassen, und sich stattdessen Aufgaben zu widmen, die unsere Lebensqualität steigern.

In Zeiten von Displays macht es ab und an Spaß, auf Papier umzuschwenken. Schreiben Sie ein Tagebuch, oder überraschen Sie jemanden mit einem handgeschriebenen Brief oder einer Postkarte. Legen Sie sich einen Kalender oder einen Notizblock an. Sie werden feststellen, wie viel Freude es bereitet, eine erledigte Aufgabe per Hand durchzustreichen, oder das Papier spontan mit Kritzeleien vollzumalen!

Ein Haushalt nimmt Zeit und Arbeit in Anspruch, aber bewerten Sie dies nicht negativ. Halten Sie sich lieber die Vorzüge vor Augen, die Ihnen die Arbeit mit den eigenen Händen bringt:

Nutzen Sie die Erledigungen im Haushalt zum Abschalten und zum Gedanken loslassen. Sind Sie schlecht drauf, hilft ein ordentliches Schrubben und Aufräumen. Körperliche Arbeit wie Putzen kann man singend und tanzend mit Musik erledigen. Staubsauger, Putzlappen und Schwämme sind Fitnessgeräte, mit denen Sie in

Schwung kommen. Deren Einsatz hält uns in Bewegung, verbrennt Fett und baut Muskeln auf. Zudem haben Sie ein Zuhause, in dem Sie sich wohlfühlen, staubfreie Luft atmen und Gäste jederzeit willkommen sind.

Jeder Mensch muss essen, um fit und gesund zu bleiben. Fangen Sie an, sich mit Kochen und Backen sowie guter Ernährung auseinanderzusetzen. Sehen Sie es nicht länger als notwendiges Übel, sondern finden Sie Spaß daran. Setzen Sie Ihre Sinne ein, probieren Sie neue Kräuter, Gewürze, Mixturen und Rezepte aus. Genießen Sie Ihr Fünf-Gänge-Menü für sich und Ihren Besuch, und widerstehen Sie der Versuchung, Fotos von dem Essen auf Social Media hochzuladen!

Verbringen Sie weniger Zeit am Bildschirm und steigern Sie Ihr Wohlgefühl, indem Sie für gemütliche Räumlichkeiten sorgen. Stellen Sie Couch und Esstisch um. Ordnen Sie Ihren Besitz und sortieren Sie aus. Spenden Sie! Verschenken Sie! Verkaufen Sie! Werfen Sie zerstörte und unbrauchbare Artikel in den Müll. Beim Ausmisten sehen Sie, welche Gegenstände Sie brauchen und an welchen Sie tatsächlich Interesse haben. Diese können Sie immer als Alternative zum sinnlosen Surfen nutzen.

Misten Sie Ihre technischen Geräte aus. Brauchen Sie noch Ihre alten Telefone, Handys, Tablets, Laptops etc.? Ein oder zwei Modelle können Sie behalten, für den Fall, dass Sie irgendwann Ihren Enkelkindern mit den Retro-Geräten imponieren, oder in früheren Zeiten schwelgen wollen. Aber brauchen Sie wirklich eine Kiste voll mit ungebrauchten Apparaten? Vielleicht findet sich ein Käufer, oder Sie recyceln die Geräte. Gehen Sie auch durch Ihre Kabelsammlung. Ladekabel und Ladegeräte türmen sich, ohne dass man weiß, welche Teile zu welchen Geräten gehören. Rangieren Sie aus, und überlegen Sie sich eine passende Organisation, am besten mit Beschriftung, damit Sie in Zukunft ohne großen Aufwand an die Kabel kommen. Alte CD-ROMs und Gebrauchsanweisungen, die nicht mehr benutzt werden, können ebenfalls aussortiert werden. Haben Sie Ihren Schreibtisch aufgeräumt und ausgemistet, sind als nächstes Ihre digitalen Daten dran.

Digitale Daten entrümpeln

>»Wie viele Dinge es doch gibt,
die ich nicht brauche.«

Sokrates

In den scheinbar unendlichen Speicherwelten häufen sich Tag für Tag digitale Dateien an. Seien Sie ehrlich: Wie viele Datenleichen liegen in Ihrem Keller? Die heutigen Speichermöglichkeiten verleiten dazu, kein einziges Dokument und keine einzige Aufnahme zu löschen. Schauen Sie sich die Dateien jedoch jemals an? Was nützt Ihnen dieser unnötige Ballast? Brauchen Sie wirklich die Unmengen an Musik und Filmen auf Ihrer Festplatte? Diese Ansammlung von Dokumenten, Videos und Bildern verbraucht nicht nur viel Speicherplatz, sie macht Ihr Gerät langsamer und erschwert das Suchen von Dateien. Vor allen Dingen strapazieren die vielen Daten Ihre Psyche.

Gehen Sie Ihre Dokumente, Programme und Online-Speicherdienste in regelmäßigen Abständen durch, und löschen Sie Dateien, die Sie nicht länger benötigen. Seien Sie besonders hart bei den »Für den Fall, dass«-Dateien. Brauchen Sie diese wirklich noch? Schummeln Sie nicht, indem Sie Unterordner kreieren und diese in Ordnern verstecken. Auch auf Online-Speicherplätzen belasten Sie die ungeordneten und unüberschaubaren Daten unbewusst, zumal Sie leichter zugänglich sind für Datenklau und Hackerangriffe. Vergessen Sie nicht, sich Ihrem Download-Ordner zu widmen: dort sammeln sich mit Vorliebe Dateien an. All diese Unordnung hält Sie von produktiver Arbeit ab. Lassen Sie ab und zu ein Reinigungsprogramm über Ihren Computer laufen, der Datenmüll in Form von temporären Daten etc. erkennt und diesen behebt.

Löschen Sie Kontaktdaten, die Sie nicht länger brauchen und updaten Sie jene, mit denen Ihnen der Kontakt bedeutend ist.

Legen Sie ein logisches Ordnungssystem für Ihre Dokumente fest und behalten Sie dies in Zukunft bei. Sortieren Sie zum Beispiel nach Kategorie, Priorität oder Datum.

Wenn Sie alles aus Ihrem digitalen Ausmisten herausholen wollen, widmen Sie sich Ihrem Desktop. Befreien Sie ihn von so vielen Dateien wie möglich. Stellen Sie sicher, dass Sie nicht nur die Verknüpfungen auf Ihrem Desktop löschen, sondern das komplette Programm. Eine aufgeräumte und leere Oberfläche regt die Kreativität an, gleichzeitig vermittelt sie Ihnen das Gefühl von Ruhe und Ausgeglichenheit.

Der nächste Schritt beinhaltet das Durchgehen, Sortieren und Löschen von Bildmaterial. Dies fällt uns meistens schwer. Mit Fotos versuchen wir, Momente einzufangen, die uns an bestimmte Menschen und Situationen erinnern sollen. Wir wollen unser Glück festhalten. Daher ist ihr sentimentaler Wert sehr hoch. Aber wenn die Bilderflut einsetzt, haben wir weder die Zeit noch die Geduld, uns intensiv mit jedem Foto auseinanderzusetzen. Zu viele Bilder sind keine Bilder. Die Fotos verlieren an Wert, da sie nicht betrachtet und ungenutzt im digitalen Speicher untergehen. Legen Sie deshalb die Angewohnheit ab, jedes Mal die Kamera zu zücken, wenn Sie eigentlich kein echtes Interesse an dem Motiv haben. Indem Sie wirklich nur die Ihnen wichtigen Momente aufnehmen, ersparen Sie sich später das Durchgehen und Löschen von Videos und Fotos.

Misten Sie Fotos aus, um so Ihre Lieblingsfotografien schnell im Blick zu haben und gebührend wertzuschätzen. Hilfreich ist, sich beim Anblick eines Fotos nach seinen eigenen Gefühlen zu fragen. Ruft das Foto in Ihnen Freude und schöne Erinnerungen hervor? Können Sie es sofort einordnen? Würden Sie das Foto in ein traditionelles Fotoalbum kleben? Auf keinen Fall? Warum behalten Sie es dann digital?

Richten Sie sich nach Ihrer eigenen Einschätzung der Fotos. Verwackelte und misslungene Bilder gehören nicht automatisch in den »Papierkorb«. Oftmals erinnern sie an einen besonderen Augenblick, oder besitzen sogar einen künstlerischen Touch.

Bei den Bildern gilt das Gleiche wie bei den Dokumenten: Ein Ordnungssystem erstellen, welches Sinn für Sie macht, sowie das Sortieren und Finden von Fotos erleichtert, zum Beispiel das Aufteilen nach Jahr und Monat, oder nach besonderen Ereignissen wie Geburtstage, Silvester und Hochzeiten.

Zurück zur Natur

»Abends ging ich hinaus in die Dunkelheit,
da sah ich einen schimmernden Stern und
hörte einen Frosch quaken. Die Natur schien
zu sagen: Nun? Ist das nicht genug?«

Emerson

Im Laufe des gesellschaftlichen Fortschrittes ist
der Bezug zur Natur immer mehr verloren gegan-
gen. Durch technische Geräte, die ihre Nutzer
stundenlang in Beschlag nehmen, wird leider
noch weniger Freizeit im Wald oder auf der Wiese
verbracht. Je mehr wir an unseren Bildschirmen
kleben, umso mehr entfernen wir uns von der Natur. Wir verlieren unsere Begeisterung für sie und
verstehen immer weniger, wie sie funktioniert
und in welchem Zusammenhang sie steht. Wir
verlernen die Zeichen der Natur und mutieren zu
Natur-Analphabeten. Der Autor Richard Louv
prägte dafür den Begriff des »Natur-Defizit-Syn-
droms«: Menschen entfremden sich immer öfter
von der Natur, erleben sie nicht mehr und haben
keine realitätsnahe Vorstellung von ihr.

Dabei weiß jeder, der einen Spaziergang in der Natur verbringt, von der beruhigenden und befreienden Wirkung der Farben, der Gerüche und der Geräusche. Im Grünen und an der frischen Luft fühlen wir uns lebendig. Wir erhalten reichlich Sauerstoffzufuhr und unser Körper produziert Vitamin D. Es gibt mittlerweile zahlreiche Studien, die belegen, wie bedeutsam der Kontakt der Menschen zur Natur ist. Der japanische Wissenschaftler Qing Li belegt mit seinen Untersuchungen die gesundheitlichen Vorteile: Regelmäßige Aufenthalte im Wald senken unseren Stresspegel sowie hohen Blutdruck, und verbessern allgemein unser Lebensgefühl. In Japan wird sogar sogenanntes »Waldbaden« praktiziert: Waldspaziergänge als Therapieform und Gesundheitsvorsorge.

Wald, Wiese, Berge und Täler sind geeignete Rückzugsorte, an denen wir den Alltags- und Arbeitsstress sowie das stundenlange Verweilen in geschlossenen Räumen mit künstlichem Licht ausgleichen können. Unternehmen Sie also viele Spaziergänge in der Natur, und zwar ohne Smartphone. Jedes Mal wird Ihnen etwas Neues begegnen und auffallen. Kein Spaziergang ist gleich. Je nach Lust und Laune lassen Sie Ihren Gedanken freien Lauf, singen Sie, summen Sie, schweigen Sie, träumen Sie, konzentrieren Sie sich auf Ihren Atem, zählen Sie auf, wofür Sie in Ihrem Leben dankbar sind und worüber Sie sich freuen.

Lassen Sie sich nie vom Wetter abhalten. Mit der richtigen Kleidung und passenden Schuhen macht Regen, Schlamm und Schnee genauso viel Spaß wie Sonnenschein.

Neben dem Spazierengehen, Wandern und anderen sportlichen Aktivitäten wie Nordic Walking oder Joggen, gibt es viele weitere Beschäftigungen, um Zeit im Grünen zu verbringen und die Natur kennenzulernen.

Wir alle können unser Smartphone bedienen und beherrschen Instant Messaging, aber wissen wir, wie man ohne Feuerzeug und Streichholz ein Feuer macht? Wie man seinen Standort ohne Smartphone-GPS bestimmt? Wie man essbare Pflanzen findet? Wie man Baumarten erkennt und unterscheidet? Manche Menschen widmen sich dem »Bushcraft«. Sie gehen in die Natur, um sie kennenzulernen und möglichst naturnahe Erfahrungen zu sammeln, inklusive Waldübernachtungen, Lagerfeuer und Wildkräutersuchen. Sie erleben die Natur nicht als etwas Fremdes oder Feindliches, sondern lernen von ihr. Naturbegeisterte erkennen: Ist man immer wieder in der Natur unterwegs, wird der Bezug zur Natur und zu sich selbst gefestigt. Ein allgemein zufriedeneres Lebensgefühl setzt ein.

Wer seine kreative Seite ausleben will, macht sich im Freien auf die Suche nach Naturmaterialien. Aus Blättern, Nüssen, Tannenzapfen und Zweigen kann man kleine Holzfiguren, Kunstwerke, Dekorationen oder Lesezeichen schnitzen oder basteln.

Wenn Sie länger an einem Ort sein möchten, bauen Sie sich einen Windschutz, einen Sitz oder eine Liegemöglichkeit aus Ästen und Blättern. Setzen Sie Ihrer Kreativität und Phantasie keine Grenzen. Lagen Sie schon einmal in einer Hängematte und haben den Himmel und die Baumwipfel beobachtet? Ein tolles und befreiendes Gefühl.

Die Natur im Dunkeln zu erleben, besitzt ebenfalls einen hohen Spaßfaktor. Machen Sie eine Nachtwanderung. Beobachten Sie die Sterne und den Mond, und wenn Sie Glück haben, erspähen Sie sogar eine Sternschnuppe. Halten Sie ein und hören Sie den Geräuschen der Nacht zu.

Bei jeder Wetterlage gibt es Neues zu entdecken. Bei Schneefall erkennt man die Spuren von Tieren auf dem Boden, und hört die Vögel, die zur

Überwinterung im Land geblieben sind. Wird es wieder wärmer, erfreut Sie das lebendige Plätschern des Baches.

Bei all Ihren Aktivitäten im Freien beachten Sie immer, dass Sie die Natur nicht beschädigen, keine Spuren hinterlassen, respektvoll mit Flora und Fauna umgehen und sich an die Verordnungen der Kommunen halten. Verlassen Sie die Natur so, wie Sie sie vorgefunden haben.

Probieren Sie es aus. Gehen Sie immer wieder raus in den Garten, den Park, auf Wald und Wiese. Vergessen Sie dabei nie, Ihre Sinne einzusetzen. Atmen Sie tief ein, genießen Sie die Gerüche, beobachten Sie alles, was um Sie herum geschieht. Das Gefühl, ein Teil der Natur zu sein, wird sie überwältigen. Dagegen wird Ihnen das Internetsurfen vorkommen, als würden Sie in einem dunklen und kalten Verlies verweilen.

Smartphone aus der Hand legen

>»Das Leben ist eine fortwährende Ablenkung,
>die nicht einmal zur Besinnung darüber
>kommen lässt, wovon sie ablenkt.«
>
>Kafka

Sie haben sich mit Ihrer langjährigen Freundin zu einem Restaurantbesuch verabredet. Sie freuen sich darauf, gemeinsam bei gutem Essen über Gott und die Welt zu philosophieren. Dass Ihre Freundin ihr Smartphone auf den Tisch legt, stört Sie nicht. Wer macht das heutzutage nicht? Als das Handy Ihrer Freundin blinkt und sie sich mit Tippen auf dem Bildschirm beschäftigt, nehmen Sie an, dass es sich um eine Ausnahme handelt. Im Laufe des Abends wird es jedoch nicht besser: fast immer hat sie ihre Augen auf das Display gerichtet. Wenn es piepst, greift sie sofort zu. Sie fragen, ob alles okay sei. Ja, alles sei in Ordnung. Als die Bedienung das Essen bringt, blickt sie nicht auf. In einer Hand liegt ihr Smartphone, in der anderen ihre Gabel. Immer wieder tippt sie auf den Bildschirm, nur ab und zu schenkt sie Ihnen Aufmerksamkeit mit einem kurzen Blick nach oben. Mittlerweile finden Sie ihr Verhalten irritierend. Sie fühlen sich von Ihrem Gegenüber ignoriert und vernachlässigt. Warum will sie sich treffen, wenn ihr Hauptaugenmerk dem Smartphone gilt?

Umgangsformen gehen leicht flöten, wenn man mit Smartphones und Tablets hantiert. Keiner fühlt sich gut, wenn einem der Gesprächspartner nicht seine volle Aufmerksamkeit schenkt. Zwischenmenschlich gesehen ist dies ein klares Zeichen von Missachtung und zeugt von Respektlosigkeit. Wer oder was auf der anderen Seite des Bildschirms ist, hat mittlerweile Priorität über die Person, die in Fleisch und Blut vor einem sitzt. Nichts sagt so schön »Ich habe kein Interesse an dir«, wie permanente Berührungen des Smartphones und ständige Blicke auf das Display.

Auch in großen Gesprächsrunden macht es sich bemerkbar, wenn plötzlich das Handy aus der Tasche gezogen wird. Das Smartphone zieht die Aufmerksamkeit auf sich. Die Unterhaltung wird unterbrochen und das Gefühl geht verloren, dass die Gesprächspartner interessiert an der Runde, und bei der Sache sind. Bei dem Gedankenaustausch über ein x-beliebiges Thema muss im Internet nachgeschaut werden, wer Recht hat. Es scheint so, als müsse jeder Gegenstand einer Diskussion via Suchmaschine abgesegnet werden.

Viele nehmen ein befremdliches Gefühl wahr, wenn sie zum wiederholten Male für mobile Endgeräte hintenangestellt werden, aber können dies nicht richtig zuordnen. Dabei ist es klar und deutlich: Sie werden ignoriert und Ihr soziales Miteinander boykottiert. Ob dies bewusst oder unbewusst geschieht, ist irrelevant. Lassen Sie sich nicht im Namen von Technik und »Immer-erreichbar-sein« einschüchtern. Erwarten Sie von Ihren Gesprächspartnern, dass sie aufmerksam und bewusst mit Ihnen kommunizieren. Wenn jemand sein Smartphone zückt, hilft manchmal ein lockeres »Lassen wir heute doch mal die Dinger weg!« oder ein »Was meinst du, wie lange halten wir es ohne Smartphone aus?« Daraus ergeben sich gute Unterhaltungen. Ein ernstes »Ich würde es echt zu schätzen wissen, wenn wir uns ungestört unterhalten könnten«, ist ebenfalls eine Möglichkeit.

Wenn Sie trotzdem ignoriert werden, lassen Sie die Person stehen und gehen fort. Entweder ist das Gespräch mit Ihnen Ihrem Gegenüber wichtig genug, oder eben nicht. Kann der andere aufgrund eines Notfalls, oder einer dringenden Nachricht, nicht vom Smartphone ablassen, ist das in Ordnung. Je nachdem, wie Sie Ihre persönlichen Grenzen setzen wollen, können Sie in diesem Fall das Gespräch auf ein anderes Mal verschieben, oder der Person beistehen, falls Sie Unterstützung braucht.

Wollen Sie etwas gegen ständige Störungen durch Handys in einer Gesprächsrunde unternehmen, probieren Sie Folgendes aus: Sprechen Sie gemeinsam ab, dass vor einem Beisammensein alle Smartphones eingesammelt und weggelegt werden. Für viele mag dies zunächst befremdlich sein, aber die Methode ist wirksam.

Sind wir heutzutage unterwegs, blicken wir jede freie Minute auf das Display eines Handys oder Tablets. Niemand nimmt seine Umgebung und Mitmenschen wahr. Beim Laufen wird das Kleben am Smartphone praktiziert, sogar beim Überqueren von Straßen und Bahnübergängen mit teilweise lebensgefährlichen Situationen. Die digitale Welt erscheint im Vergleich zum Alltag weniger stressig und lässt uns Sorgen ausblenden. Mit Vorliebe führen wir das häufige Nutzen von Smartphones auf praktische Vorzüge zurück, zum Beispiel, dass wir jederzeit Zugang zu Wissen brauchen, oder dass wir das Smartphone mit seinem GPS dabeihaben müssen, falls wir uns verlaufen, oder eine bestimmte Straße suchen. In der

Öffentlichkeit überspielt man mit Hilfe eines Smartphones die eigene Schüchternheit und Unsicherheit. Das Smartphone in der Hand fungiert als Schutzschild; keiner muss mehr »passiv« und »alleine« herumstehen.

Trauen Sie sich, anders zu sein! Sie sind Wonder Woman und Superman auch ohne Smartphone-Schutzschild. Legen Sie Ihr Handy weg, nehmen Sie Ihren Kopf hoch und seien Sie stolz, sich nicht dem Zwang der digitalisierten Gesellschaft zu beugen. Nehmen Sie Ihre Mitmenschen und Ihre Umgebung wahr. Nutzen Sie die Zeit an der Bus- oder Bahnhaltestelle, um sich mental auf den Tag vorzubereiten, bereits Geschehenes Revue passieren zu lassen, oder einfach an nichts zu denken. Achten Sie auf den Straßenverkehr und zählen Sie die Verkehrsteilnehmer. Beobachten Sie das vom Baum fallende Blatt, oder das im Straßenasphalt nach oben drückende Pflänzchen. Sie werden auf Ihre Mitmenschen selbstbewusst und entspannt wirken; ein absolut gegenteiliger Eindruck, als wenn Sie verkniffen auf das Smartphone starren und tippen.

Die Umwelt wahrzunehmen, anstatt Ihr Display zu betrachten, gilt besonders, wenn Sie auf der Suche nach Bekanntschaften sind. Wer will in Kontakt mit jemanden treten, der nur seinem Handy Beachtung schenkt? Vielleicht ist es aber Ihre Absicht, nicht angesprochen zu werden. In diesem Fall lernen Sie, mögliche Kontaktversuche im Keim zu ersticken. Eindeutige Körpersprache und ein höfliches, aber bestimmtes »Nein, danke, ich bin nicht interessiert«, wirken Wunder. Ohne Navigationshilfe des Smartphones müssen Sie Ihre Mitmenschen ansprechen und nach dem Weg fragen. Wenn Sie zu den Leuten gehören, denen dies schwerfällt, ist dies eine gute Übung im Umgang mit Menschen.

Zunächst werden Ihnen diese Änderungen seltsam vorkommen und Sie vermissen das Smartphone in der Hand. Wahrscheinlich werden Sie sogar Nervosität und den Zwang verspüren, nach dem Handy zu greifen. Ihre Mobiltelefon-Nutzung ist zu einer Gewohnheit geworden, die Sie jetzt ablegen müssen. Mit Ihrem Verzicht auf andauernde Bespaßung durch das Gerät werden Sie einige Leute erstaunen, irritieren und zu besserwisserischen Sprüchen inspirieren. Nehmen Sie es locker. Die anderen haben keine Vorstellung davon, was ihnen entgeht. Längerfristig werden Sie ohne den Smartphone-Fokus Ihre Umwelt verstärkt wahrnehmen und feststellen, wie faszinierend das Umfeld tatsächlich ist. Außerdem werden Ihre eigenen Gedanken Sie bereichern und Sie zu einem entspannten und kreativeren Menschen machen.

KAPITEL FÜNF

Wie wir Geist und Gesundheit im digitalen Zeitalter fördern

Achtsamkeit: Tue, was du tust

»Den Augenblick immer als den höchsten
Brennpunkt der Existenz, auf den die ganze
Vergangenheit nur vorbereitete, ansehen und
genießen, das würde Leben heißen!«

Hebbel

Die Informationsflut im Internet gönnt uns keine
ruhige Minute und ist der ideale Nährboden für
die Vernachlässigung unserer geistigen Gesundheit. Vor der Digitalisierung gab es automatisch
Pausen im alltäglichen Leben, die wir zum Nachdenken nutzen konnten, zum Beispiel das Warten
auf den Bus, oder die Fahrt mit der S-Bahn. Heute
werden diese Zeiten mit Klicks und bunten Bildern oder Videos gefüllt. Online sind wir kontinuierlich abgelenkt, und auf dem Sprung zu den
nächsten Nachrichten und Neuigkeiten. Bevor
wir eine Seite anklicken, sind unsere Gedanken
bereits bei den nächsten Seiten oder Suchwörtern.
Im Internet unterwegs zu sein verführt oft zu
Multitasking. Ein Tab neben dem anderen geöff-
net, klicken wir hin und her und beantworten
gleichzeitig E-Mails und Textnachrichten. Doch
mehrere Quellen gleichzeitig sehen und verarbei-

ten zu wollen, führt zu Unruhe und Unkonzentriertheit. Wir sind wie in einem Hamsterrad gefangen und immer weniger in der Lage, uns auf eine Angelegenheit oder Tätigkeit zu fokussieren. Gleichzeitig ignorieren wir die Warnsignale unseres Körpers und vernachlässigen uns selbst.

Mit der Praktizierung von Achtsamkeit können wir uns gegen den Sturm von andauernden Reizen und Ablenkungen abschirmen. Achtsamkeit bedeutet, sich selbst und sein Umfeld bewusst wahrzunehmen, in exakt diesem Moment. Nicht in der Vergangenheit oder Zukunft, sondern im Hier und Jetzt. Achtsamkeit heißt, unseren seelischen und körperlichen Zustand zu spüren.

Beobachten Sie sich und was um Sie herum geschieht. Setzen Sie alle Ihre Sinne ein! Atmen Sie tief ein! Nach was riecht es im Zimmer? Was sehen Sie? Wie sind die Lichtverhältnisse? Wie fühlt sich Ihr Kopf, Ihr Rücken, Ihr Magen, Ihre Füße an? Was empfinden Ihre Fingerspitzen und Hände beim Streicheln und Umarmen von Tieren und Menschen, oder beim Berühren und Greifen von Gegenständen?

Blockaden lösen wir, wenn wir in uns hineinhören. Versuchen Sie, Ihre Gedanken schweifen zu lassen. Was schießt Ihnen durch den Kopf? Sind Sie in der Lage, den Gedanken loszulassen? Erfühlen Sie, wie es um Ihren Körper und Geist steht? Können Sie sich auf Ihr Ein- und Ausatmen konzentrieren?

Achtsamkeit wird auch als eine Art Meditation verstanden. Lassen Sie alle Gedanken vorbeiziehen, die Ihnen in den Sinn kommen. Bewerten Sie diese Gedanken und Gefühle nicht, sondern beobachten Sie sie. Auf diese Weise lernen wir, uns nicht mit unseren Emotionen und Gedanken gleichzusetzen, sondern sie »von außen« zu betrachten. Dies kann Ihnen zum Beispiel helfen, wenn Sie oft impulsiv online gehen, um aufgebracht und wütend Instant Messages zu verschicken, oder Kommentare zu posten, die Sie später bereuen. Die Meditation bringt Ihnen bei, dass Gedanken und Gefühle kommen und gehen, und Sie nicht sofort auf sie reagieren müssen.

Mit dem Üben von Achtsamkeit trainieren wir gleichzeitig unser Konzentrationsvermögen, welches durch die Schnelllebigkeit des Internets abhanden gerät. Bewusst den Moment zu erleben mag bei den ersten Versuchen schwerfallen. Vielleicht fühlen Sie sich, als würden Sie scheitern.

Machen Sie trotzdem weiter! Wenn Sie Achtsamkeit immer wieder trainieren, wird es Ihnen jedes Mal leichter fallen, Ihre Wahrnehmung intensiv zu spüren und den Augenblick mit allen Sinnen wahrzunehmen. Ihre innere Sicht wird klarer und Ihre wahren Bedürfnisse, Träume und Wünsche offenbaren sich. Sie erhalten ein Gefühl für Ihr eigenes Wohlergehen und merken, wenn es im Ungleichgewicht ist. Sie leben nicht mehr in der Vergangenheit, die unveränderlich ist, und auch nicht in der Zukunft, die wir nicht lenken können.

Ein Leitsatz der Achtsamkeit ist: »Tue, was du tust«. Schenken Sie jedem Moment Aufmerksamkeit. Lassen Sie das Multitasking links liegen. Konzentrieren Sie sich nur auf eine Aufgabe und erleben Sie bewusst den Vorgang. Es gibt viele Beispiele: Beim Öffnen des Fensters blicken Sie hinaus, schauen sich um, nehmen Gerüche und das Wetter wahr. Beim Eincremen Ihrer Haut spüren Sie die Berührung, die Glätte und Unebenheiten, riechen den Duft. Beim Abspülen fühlen Sie das Wasser auf Ihrer Haut, das Schäumen des Spülmittels und die Oberflächen der Töpfe, Tassen und Teller. Beim Absprühen der Zimmerpflanzen spüren Sie die Wasserspritzer und betrachten die Formen und Farbabstufungen des

Grüns. Sie werden erstaunt sein, welche alltäglichen Handgriffe Entspannung bringen. Achtsamkeit kann jederzeit und überall praktiziert werden. Die Möglichkeiten sind unbegrenzt und vielfältig!

Bilder, Videos und Texte, die von einem Link zum nächsten führen, stören die Verbindung zu uns selbst und unserem Umfeld. Dabei werden körperliche und geistige Befindlichkeiten vernachlässigt. Sie bemerken nur einen Bildschirm, und die Informationen, mit denen Sie überschüttet werden. Machen Sie sich immer bewusst: »Tue, was du tust«. Und das tut man nie beim Surfen.

Selbstachtung für ein erfülltes Leben

»Wenn du willst, dass man dich achtet, so
achte vor allem dich selbst; nur dadurch, nur
durch Selbstachtung, zwingst du auch
andere, dich zu achten.«

Dostojewski

Auf den ersten Blick mag nicht erkennbar sein, in welcher Wechselwirkung Online sein und der Verlust von Selbstachtung stehen. Wer jedoch einen großen Teil seiner Zeit damit verbringt, mit Hilfe von Social Media und anderen Internetseiten sich selbst zu entfliehen, verkennt sein wahres Ich und inneres Potenzial. Wir suchen nach Anerkennung, vergleichen uns mit anderen Menschen und beneiden deren Leben, anstatt unser eigenes auszuschöpfen. Wenn wir uns nur auf die anderen Nutzer in der digitalen Welt konzentrieren, vernachlässigen wir unsere Sehnsüchte und Träume, und unternehmen nichts, um diese zu verwirklichen. Passivität, Phantasie- und Sinnlosigkeit machen sich breit. Wertschätzung und Selbstachtung sinken. Frustration entsteht. Diesen hervorgerufenen Frustrationserfahrungen können wir vorbeugen, indem wir uns nicht permanent dem endlos erscheinenden Programm des Internets aussetzen. Verfolgen Sie Ihr eigenes Leben und achten Sie auf sich selbst. Lassen Sie das Internet links liegen.

Selbstachtung hilft, uns so zu akzeptieren, wie wir sind: komplett mit Unvollkommenheiten, Fehlern und Schwächen, aber auch mit unseren Stärken. Wir müssen nicht nach dem Leben der anderen streben und danach Ausschau halten, wie sie vermeintlich besser als wir zurechtkommen. Wir sind uns selbst genug. Wir vertrauen auf uns selbst und achten darauf, dass unsere Bewertung der Außenwelt nicht auf Manipulation und künstlicher Darstellung basiert. Uns selbst zu achten beinhaltet das Wissen, dass wir es wert sind: dass wir uns gut fühlen, und dass wir selbst unser Leben in die Hand nehmen.

Selbstachtung strahlen wir auf die Umwelt aus. Unsere Mitmenschen nehmen uns zufriedener und selbstsicherer wahr, was Beziehungen positiv beeinflusst. Unsere Familie und Freunde profitieren davon, denn wenn es einem selbst gut geht, kann man für andere da sein. Wir sind in der Lage, mit Kritik, Streit und Konflikten besser umzugehen. Wir gestehen uns zu, dass niemand perfekt ist, und wir an unseren Fehlern wachsen dürfen.

Wer sich liebt und achtet, sorgt dafür, dass er im Einklang mit seinen Gefühlen und seinem Körper steht. Stundenlang im Internet zu surfen und anderen dabei zuzusehen, wie sie ihr Leben gestalten, betäubt diese Wahrnehmung. Tut es Ihnen gut, online Fotos von einem Sonnenuntergang zu betrachten, oder würden Sie mehr Spaß daran finden, die abendliche Dämmerung mit eigenen Augen zu erleben? Möchten Sie ein Konzert auf Video gucken, oder selbst dabei sein? Wollen Sie Ihre Lieben durch den Bildschirm grüßen, oder sie in den Arm nehmen? Gehen Sie offline, und schaffen Sie sich Erinnerungen. Bringen Sie Bewegung in Ihr Leben! Wenn Sie handeln, verliert das passive Leben am Bildschirm zunehmend an Bedeutung.

Fragen Sie sich, was tut Ihrem Geist und Ihrem Körper gut? Was bringt Ihnen Freude? Welche Aktivitäten lieben Sie? Was haben Sie früher gerne getan? Erinnern Sie sich an Ihre Hobbys, denen Sie nachgegangen sind, bevor Sie nur noch an Displays klebten?

Selbstachtung drückt sich unter anderem darin aus, sich seiner Prioritäten bewusst zu sein und sich für sie einzusetzen. Was ist Ihnen wichtig im Leben? Hören Sie dabei nur auf sich, und nicht darauf, was Ihnen andere aufdrücken wollen. Menschen wollen sich selbst bestätigt fühlen, und versuchen daher, andere von ihrem Weg zu überzeugen. Sie sehen sich bedroht von Personen, die anders denken und unabhängig von den Meinungen der Mehrheit sind. Selbstliebe bedeutet auch, sich von diesem Zwang zu befreien. Leben und leben lassen!

Üben Sie sich im Erkennen von schädlichen Verhaltensweisen, Gewohnheiten und Beziehungen, und eliminieren sie diese. Seien Sie geduldig: Alte Muster durch bewusste Veränderungen zu durchbrechen, kann Zeit und Nerven in Anspruch nehmen. Feiern Sie Ihre Erfolge, und seien Sie nachsichtig bei Rückschritten. Geben Sie nicht auf, dann werden Sie mit einem selbstbestimmten Leben belohnt. Sie werden sich befreien von stundenlangem Verweilen vor Smartphone, Tablet und Laptop, und Ihre Selbstachtung wird steigen. Nur Sie sind in der Lage, den Grundstein für ein zufriedenes und ausgeglichenes Leben zu legen.

Kraftvoller Körper
für ein starkes Leben

»Gesundheit und froher Mut,
das ist des Menschen höchstes Gut.«

Deutsches Sprichwort

Die Finger zur Bedienung des Touchscreens mögen durchtrainiert sein, aber wie sieht es mit der restlichen Verfassung Ihres Körpers aus? Konstantes Sitzen vor Laptop und Tablet hinterlässt seine Spuren. Mangelnde Bewegung, starre Haltung, ungesunde Snacks und Vernachlässigung von Schlaf sind Begleiterscheinungen eines ausschweifenden Bildschirmkonsums. Eine Einladung für Übergewicht, Ungelenkigkeit, Krankheiten und Niedergeschlagenheit. Berücksichtigen Sie daher durchgehend vier Bereiche: Regelmäßige Pausen, erholsamen Schlaf, nahrhafte Ernährung und reichliche Bewegung.

In unserer leistungsorientierten und schnelllebigen Zeit ist es für Geist und Körper essenziell, ausreichende Ruhezeiten wahrzunehmen. Nehmen Sie bewusst Abstand von der Unruhe, die internetfähige Geräte mit ihrer Informationsflut in uns hervorrufen. Schalten Sie aus, und ab. Wenn Sie aus arbeitstechnischen oder anderen Gründen nicht auf digitale Auszeiten verzichten können oder wollen, achten Sie immer wieder auf genügend Pausen.

Das Starren auf Bildschirme belastet und beeinträchtigt unsere Augen enorm. Bei vielen Menschen setzt nach zwei und mehr Stunden vor dem Bildschirm Augenüberlastung ein. Begleiterscheinungen beinhalten Kopfschmerzen, verschwommene Sicht und trockene Augen. Um Ihre Augen von der Bildschirmarbeit zu erholen, schließen Sie sie, oder lassen Sie Ihren Blick in die Ferne schweifen. Oder: Blinzeln Sie schnell eine Minute lang. Neben der Entspannung der Augenmuskulatur bewirkt dies eine Benetzung Ihrer Augen mit Tränenflüssigkeit.

Eine Übung für unseren Körper, die auch den Geist beflügelt, ist das bewusste Ein- und Ausatmen. Wölben Sie beim Einatmen Ihren Bauch ausgiebig, und legen Sie zum Spüren des Effekts eine Hand auf Ihren Bauchbereich. Atmen Sie langsam aus. Wenn Sie gerne singen, nehmen Sie Gesangsunterricht. Hier lernen Sie richtiges Ein- und Ausatmen und haben gleichzeitig ein Hobby. Weitere Entspannung und Ausgleich finden Sie beim Sport, bei meditativen Übungen und im Gebet.

Kleine und größere Schönheitsrituale sind eine weitere Option, das eigene Wohlfühlen zu steigern, und gleichzeitig das Hier und Jetzt zu genießen. Anstatt Models und Marken auf Social Media zu bewundern, nehmen Sie sich die Zeit und verwöhnen Sie Ihren eigenen Körper mit Cremes, Haarkuren und Gesichtsmasken. Gönnen Sie sich eine neue Frisur, oder probieren Sie im Wellnesscenter eine Massage aus.

Die Bedeutung von Schlaf ist unermesslich für ein gesundes Dasein. Der Körper nutzt die Zeit zur Erholung und zur Erneuerung. Die Angewohnheit, kurz vor dem Schlafengehen Smartphone oder Tablet zu checken, hält uns wach und verkürzt unseren Schlaf. Leidet unser Schlaf, leidet unsere Lebensqualität. Daher sorgen Sie für regelmäßige Schlafenszeiten, für ruhige Minuten vor dem Schlafengehen, für ein gutes Raumklima mit frischer Luft und für ein richtiges Abdunkeln im Raum. Alle mobilen Endgeräte gehören aus dem Schlafzimmer.

Eine vollwertige Ernährung verhilft zu einem gesunden Körper. Essen Sie naturbelassene Lebensmittel. Kochen Sie viel mit frischen Zutaten. Studieren Sie die Inhaltsstoffe von abgepackten Lebensmitteln, und verzichten Sie möglichst auf zu viele künstliche Zusatzstoffe. Konzentrieren Sie sich auf den Prozess des Kochens ohne nebenher auf Ihrem Smartphone Nachrichten zu checken. Die Umstellung der Ernährungsweise kann einige Zeit in Anspruch nehmen. Fangen Sie mit langsamen Änderungen an, peilen Sie zum Beispiel einmal pro Tag eine gesundheitsbewusste Mahlzeit an, trinken Sie keine Softdrinks mehr, oder lassen Sie Nachspeisen mit industriellem Zucker weg.

Starre und schiefe Haltung ist nicht gut für unseren Körper. Da bildet der beständig auf das Smartphone und Tablet geneigte Kopf keine Ausnahme. Zu was diese unnatürliche Haltung führt, hat bereits einen Namen: »Handy-Nacken«. Auf Dauer leidet dabei unsere Halswirbelsäule unter Überlastung, was Schmerzen und eine Schonhaltung mit Muskelverhärtungen sowie Verschleißerscheinungen hervorrufen kann. Anhaltende Haltungs-, Nacken- und Rückenprobleme können die Folge sein. Wenn Internetsurfen sein muss, lassen Sie den Kopf nicht hängen und halten Sie das Handy auf Augenhöhe, oder folgen Sie dem Display nur mit Ihren Augen.

Förderlich für unser Fitnesslevel ist es bereits, jeden Tag kurze Übungen wie Kniebeugen und Liegestützen durchzuführen. Ist Ihnen das für den Anfang zu anstrengend? Strecken Sie Ihren Körper in alle möglichen Richtungen! Wiederholtes Strecken und Dehnen ist besonders wichtig für die Arbeit am Bildschirm, selbst wenn manche Übungen nur vom Schreibtischstuhl aus betätigt werden. Spaziergänge sind ebenfalls eine gute Option, mehr Bewegung in das Leben zu bringen. Statt Fahrstuhl und Rolltreppe nehmen Sie im Einkaufszentrum oder in der U-Bahn die Treppen. Suchen Sie sich eine Sportart aus, die Ihnen gefällt, und von der Sie glauben, daran Spaß haben zu können. Wollen Sie nicht extra ins Fitnessstudio gehen, führen Sie Zuhause Eigenkörperübungen durch, oder tanzen Sie. Die Überwindung zum Sporttreiben ist groß, aber sie lohnt sich. Nicht nur, dass sich innerhalb weniger Wochen körperlich ein positiver Effekt bemerkbar macht, es gibt Ihnen auch adäquate Beschäftigung und Ablenkung von der virtuellen Welt.

Suchen Sie nach den besten Methoden und Wegen, die Ihnen guttun. Nehmen Sie sich stets kleine Veränderungen vor und meistern Sie diese Schritt für Schritt. Probieren geht über Studieren.

Jede noch so minimale Aktion bringt Sie weiter. Durch diesen liebevollen Umgang mit sich selbst beweisen Sie, dass sie sich achten und wertschätzen. Aber: Verlieren Sie sich nicht in stundenlanger Internetrecherche über Gesundheitsthemen! Die Gefahr, online zu versacken und schließlich keine Tipps auszuprobieren, ist hoch. Seien Sie konsequent, seien Sie aktiv und lassen Sie das unnötige Surfen und die Sucherei im Internet hinter sich. Ihr Geist und Ihr Körper werden sich freuen.

Reale Beziehungen statt »Bildschirm-Bekanntschaften«

»Da gilt es zu feiern, recht lange zu schlafen
und ganz ohne Tadel dann gemütlich
beisammen die Sommernacht reizvoll
zu verplaudern.«

Horaz

Soziale Kontakte außerhalb der digitalen Welt zu pflegen ist einer der wesentlichen Bausteine für ein zufriedenes Leben. Wenn Sie unter Schüchternheit und sozialen Ängsten leiden, erscheint Social Media als Rettung vor unangenehmen und stressigen Situationen. Kein persönliches Interagieren, kein unpassendes Schweigen und keine unmittelbare Konfrontation. Es erscheint leichter, sich hinter seinem Bildschirm zu verstecken, als in die Welt hinauszugehen und Zurückweisung zu riskieren. Langfristig werden Sie jedoch isoliert unglücklich sein. Der Mensch ist ein soziales Wesen, und als solches sehnt er sich nach zwischenmenschlichen Interaktionen. Das Internet bietet zwar gute Kontaktmöglichkeiten für weite Distanzen, aber wenn Beziehungen nur noch online abgewickelt werden, stumpfen wir ab. Wir nehmen Menschen nicht mehr mit unseren Sinnen wahr und entfremden uns von ihnen. Wir verlernen die zwischenmenschliche Interaktion und verlieren den Realitätsbezug zueinander.

Sind soziale Medien sozial? Zum Großteil sind die Mitglieder auf Ihren Social-Media-Freundschafts-listen nur »imaginäre« Freunde. Internetplattformen vermitteln den Eindruck, dass wir andere U-ser gut kennen. Wir sehen, welche TV-Shows sie gucken, was sie an Nahrung zu sich nehmen, wie sie ihre Kinder erziehen und welche Outfits sie tragen. Die Zurschaustellung dieser Schein-Inti-mität gaukelt uns enge emotionale Beziehungen vor. Zum größten Teil sind wir uns weder nahe noch in das Leben der anderen eingebunden. Wir wissen nicht einmal, ob diese Alltagssimulation auf realen Begebenheiten fußt.

Ehrlichkeit und Authentizität spielen in der digitalen Welt eine untergeordnete Rolle. Hinter einem Bildschirm versteckt, fällt es vielen Menschen leichter, ihre wahren Emotionen und Überzeugungen zu verbergen. Ein »Gefällt mir«-Symbol ist schnell aus Pflichtgefühl oder zur Wahrung des Friedens gedrückt, obwohl eine Ablehnung oder Gleichgültigkeit besteht, die niemand offen zugibt.

Bei partnerschaftlichen Beziehungen, die über das Internet entstehen und oftmals über einen längeren Zeitraum online gepflegt werden, besteht das Risiko, sich in die digitale Erscheinung eines Menschen zu verlieben, und nicht in den realen Menschen. Die digitale Distanz macht es leichter, ein beschönigtes Bild von sich selbst und dem anderen zu zeichnen. Während die eine Person nach einer ernsten Beziehung mit Zukunftsperspektive sucht, gibt die andere nur an, Single zu sein, obwohl sie bereits in einer festen Partnerschaft ist.

Das Internet mag den Kreis der Partnersuche erweitert, und das Kennenlernen in einigen Fällen erleichtert haben, aber auf lange Sicht verringert die alleinige Kommunikation über den Bildschirm den zwischenmenschlichen Kontakt, und verhindert zudem Chancen im Leben. Wer sich dauernd über dem Laptop gebeugt einzig und allein auf Online-Dating-Seiten versteift, verpasst im Umfeld Möglichkeiten, einem geeigneten Kandidaten über den Weg zu laufen.

Ein weiterer Stolperstein im Internet ist die sprachliche Interaktion. Online entstehen durch falsche Wortwahl und mangelnde Kommunikation oft Missverständnisse. Im Zweifelsfall fehlen uns bei Textnachrichten Mimik, Gestik, Körpersprache und Tonfall für die Einordnung des Geschriebenen. Emoticons und Abkürzungen nehmen uns die Verlegenheit, nach passenden Worten für unsere Gefühlslage zu suchen. Wir verlernen die Verbalisierung von Emotionen und drücken uns unzureichend aus. Kommt es zu Unstimmigkeiten und Konflikten zwischen zwei Usern, ist eine Bereitschaft zur Klärung des Streites meistens nicht vorhanden. Zum einen ist eine räumliche Distanz gegeben, zum anderen ist das Blockieren oder Löschen eines »Freundes« mit einem Klick erledigt. Digitale Freundschaften sind schnell austauschbar, und können von einem zum anderen Moment ihren Status verlieren.

Achten Sie daher darauf, dass Sie soziale Beziehungen nicht nur im Netz pflegen, und Zuneigung und zwischenmenschlichen Kontakt nicht mit »Gefällt mir«-Klicks oder Größe der »Followerschaft« verwechseln. Bringen Sie digitale Freundschaften auf die reale Ebene: Treffen Sie sich wann immer möglich persönlich. Mit Familie und Freunden in der realen Welt zusammenzukommen erfordert zwar mitunter mehr Einsatz und Belastung, aber die Belohnung für Sie und Ihr soziales Leben ist unbezahlbar.

Abschließende Worte

Das Netz bringt viele Vorteile, beschleunigt und vereinfacht Vorgänge. Die Bedeutung in der heutigen Zeit ist unbestreitbar. Das Internet ist ein wichtiges Instrument, das Menschen helfen kann, Ziele zu erreichen, wenn sie es richtig einsetzen. Problematisch ist es jedoch, wenn Sie von der globalen Vernetzung mehr erwarten, als sie erfüllen kann. Dauerverbindung mit dem World Wide Web ist kein Allheilmittel für Ihre Sorgen und Nöte.

Die Überbewertung des Internets nimmt teilweise groteske Züge an. Mittlerweile ist das Smartphone allgegenwärtig. Man hat es immer griffbereit, unser treuer Gefährte in Bett und Bad. Fast jede Unterhaltung oder Diskussion wird mindestens einmal unterbrochen, weil jemand sein Smartphone hervorholt, oder es piept.

Unser Biorhythmus und Bedürfnisse finden immer weniger Beachtung. Wir verlassen uns mehr und mehr auf Technik, von Schlafphasenwecker bis hin zu Erinnerungs-Apps für das Wassertrinken. Ironischerweise gibt es bereits Apps gegen langes Online sein.

Das Internet vergibt und vergisst nicht. Informationen sind jederzeit erreichbar, auch die falschen. Raum für unsere Privatsphäre ist kaum mehr vorhanden. Dies unterstützen wir selbst durch ungebremste und ungefilterte Selbstdarstellung. Wir versuchen mitzuhalten, und laufen dem Optimierungswahn der digitalen Welt hinterher. Dabei tappen wir immer wieder in die Vergleichsfalle, und lassen Neid und Missgunst überhandnehmen. Wir nehmen das Smartphone in die Hand, oder öffnen den Laptop, in der Hoffnung, das bessere Leben zu finden. Wir suchen lieber das falsche Leben online, als das wahre Leben offline.

Die Art und Weise, wie das Netz unser Leben bestimmt, und wir dies ohne Wenn und Aber zulassen, ist beängstigend und beunruhigend. Welche weiteren Auswirkungen sich zeigen, und welche Probleme in der Zukunft entstehen werden, ist noch unklar. Entweder sind wir weiter von unserem unkontrollierten Internetkonsum abhängig, oder wir befreien uns davon und erlernen den sinnvollen Umgang mit dem Internet. Das heißt: Wir nutzen das Netz und nicht umgekehrt.

Wie können wir dem Zwang und den Erwartungen hinsichtlich des Internetkonsums entkommen? Hierbei hilft nur der lebensbejahende richtige Umgang mit der digitalen Welt. Es gilt, sich Grenzen zu setzen gegen den Ansturm von Informationen, ständiger Erreichbarkeit und zunehmender Digitalisierung. Die Einhaltung von Gleichgewicht ist von enormer Bedeutung.

Eine gute Faustregel ist daher: Begrenzen Sie Ihren Internetkonsum so weit wie möglich. Anstatt sich im Internetlabyrinth zu verirren, denken Sie minimalistisch und »ent-digitalisieren« Sie alltägliche und spezielle Vorgänge. Nehmen Sie zwischenmenschliche Kontakte nicht nur online wahr. Reduzieren Sie unnötige E-Mails, und meiden Sie öfters den Besuch von Websites, Social Media und anderen Plattformen. Machen Sie sich bewusst, wie viel wertvolle Lebenszeit und Lebensqualität schwindet, wenn Sie Ihre Zeit von morgens bis abends im Internet verbringen. Rufen Sie sich in Erinnerung, dass das Netz Sie prägt und beeinflusst. Befreien Sie sich von generierten digitalen Trends und Weltanschauungen. Unterwerfen Sie sich nicht dem Optimierungswahn unserer Zeit.

Wann haben Sie zuletzt innegehalten, Zeit für sich in Anspruch genommen und in Ruhe über Ihr Leben nachgedacht? Was sind Ihre Träume und Wünsche, die frei von den Erwartungen anderer sind? Entscheiden Sie selbst. Maßloser Internetkonsum blockiert unsere Kreativität und Phantasie. Soziale Netzwerke und Internetplattformen helfen uns nicht, ein eigenverantwortliches Leben zu führen. Stattdessen werden uns Normen, Werte und Erwartungen vorgesetzt, die wir ungefragt übernehmen, und die uns abhalten, wir selbst zu sein. Wir passen uns an und vergessen dabei unsere individuellen Wünsche.

Klicken Sie weg und stellen Sie sich dagegen! Zelebrieren Sie Ihre Einzigartigkeit und lassen Sie sich nicht von anderen täuschen. Fordern Sie für sich das Beste im Leben und geben Sie sich nicht auf! Halten Sie sich fern von einer virtuell erzeugten und vermarkteten Lebensweise. Sie sind so gut, wie Sie sind!

Änderungen können am Anfang schwer sein. Digitale Entgiftung und ein gesunder Umgang mit dem Internet sind Meilensteine für ein selbstbestimmtes und glückliches Leben. Heißen Sie daher den digitalen Detox willkommen, genießen

Sie ihn und weiten sie ihn immer mehr aus. Lieben und schätzen Sie Ihre Freiheit ohne digitale Fesseln! Ihr Geist, Ihr Körper, Ihre Mitmenschen und Ihr Leben wird es Ihnen danken. Beginnen Sie Ihre digitale Entgiftungskur jetzt. Gehen Sie offline.

Notfallplan

1. Sagen Sie STOPP. Muss das jetzt sein?

2. Halten Sie für einen Moment ein.

3. Lassen Sie das Display aus Ihrem Blickfeld verschwinden.

4. Überlegen Sie: Was bringt Ihnen diese Internetzeit für Ihr Leben und Ihr Wohlbefinden?

5. Was erhoffen Sie sich vom Surfen und Checken von Social Media?

6. Ist Ihnen langweilig, und wissen Sie nicht, was Sie sonst tun könnten?

7. Versuchen Sie, eine Aufgabe, Verpflichtung oder Tätigkeit aufzuschieben? Was könnten Sie nun erledigen?

8. Achten Sie auf Ihre Atmung? Auf Ihren Körper? Haben Sie Durst oder Hunger? Sind Sie müde?

Fragen zum Anstoß

1. Was Surfen und Social Media mit uns macht

Wie oft und wie lange sind Sie täglich online? Wann greifen Sie nach Ihrem Smartphone, Tablet oder Laptop?

Fällt es Ihnen schwer, für ein paar Minuten nichts zu tun? Können Sie Langeweile aushalten?

Wie oft surfen Sie im Internet auf der Suche nach Inspiration und Tipps, die Ihr Leben verbessern sollen? Was davon setzen Sie in die Realität um? Kommt der Wunsch nach Selbstoptimierung wirklich von Ihnen?

Wie fühlen Sie sich geistig und körperlich nach stundenlangem Surfen und Besuchen von sozialen Netzwerken?

Vernachlässigen Sie Menschen oder Tiere, oder lassen Sie wichtige Angelegenheiten verstreichen, während Sie online sind?

Haben Sie öfters Augen-, Nacken- und Rücken-schmerzen?

Wie schützen Sie sich und Ihre technischen Geräte vor Viren, unberechtigten Zugang und Datenklau im Netz?

2. Wie Sein und Schein sich online vermischen

Glauben Sie alles, was Sie online sehen?

Vergleichen Sie sich mit anderen Menschen auf sozialen Netzwerken?

Haben Sie den Eindruck, mit anderen mithalten zu müssen, oder schlechter als andere abzuschnei-den? Schleicht sich häufig bei Ihnen ein Gefühl der Unzulänglichkeit ein?

Laden Sie Kommentare, Fotos und Videos auf den sozialen Netzwerken hoch? Wenn ja, warum?

3. Wie wir uns von digitalen Fesseln befreien

Gibt Ihnen der Besuch auf Ihren Lieblingsseiten im Internet ein gutes Gefühl? Sind Sie danach gut gelaunt? Wissen Sie mehr als vorher?

Wie schnell reagieren Sie auf Textnachrichten und E-Mails?

Wie schwer fällt es Ihnen, »Nein« zu sagen? Können Sie Menschen nett und höflich abweisen, ohne sich schuldig zu fühlen?

Können Sie drei Situationen nennen, in denen Sie Aufgaben, Aufträge oder Betätigungen aufgrund von Internetkonsum aufgeschoben haben?

Warum haben Sie die Beschäftigungen wirklich aufgeschoben?

Was hilft Ihnen dabei, sich vom Internet loszureißen und offline zu gehen?

Wie lange schaffen Sie es, nicht auf Ihr Smartphone zu schauen?

Haben Sie den digitalen Detox ausprobiert? Für wie lange? Wie schwer fiel er Ihnen? Können Sie Ihre Offline-Zeit das nächste Mal verlängern?

4. Wie wir uns vor der Omnipräsenz des Internets schützen

Gibt es in Ihrem Zuhause einen oder mehrere Räume, die frei von internetfähigen Geräten sind?

Gehen Sie jemals ohne Ihr Smartphone aus dem Haus?

Schaffen Sie es, Ihr Handy in der Tasche zu lassen, wenn Sie alleine in der Öffentlichkeit sind?

Wie übersichtlich sind Ihre digitalen Daten angeordnet? Wann haben Sie zuletzt eine Entrümpelungsaktion bei Ihren Fotos, Videos und Dokumenten durchgeführt?

Was gefällt Ihnen an Ihren Räumlichkeiten? Was könnten Sie ändern? Wissen Sie, welche Gegenstände sich in den Schubladen und Boxen befinden?

Wann waren Sie zuletzt in der freien Natur oder im Stadtpark? Was hält sie davon ab, zu gehen?

5. Wie wir Geist und Gesundheit im digitalen Zeitalter fördern

Praktizieren Sie Achtsamkeit?

Legen Sie regelmäßig Pausen ein?

Schlafen Sie ausreichend?

Essen Sie gesund?

Bewegen Sie sich genug?

Auf welche Familienmitglieder und Freunde können Sie im wahren Leben zählen?

Kümmern Sie sich um die Menschen, die Ihnen am Herzen liegen? Schätzen Sie diese Beziehungen?

Die Autorin

Mina Homann

Go Offline

Weniger Internet

MEHR LEBEN

·because of books·

Aufgewachsen in einem idyllischen Ort in Hessen, lebt die Autorin Mina Homann zurzeit im pulsierenden Herzen des Ruhrgebiets. Sie studierte Kultur- und Medienwissenschaften und verfasst u. a. Texte, die zu einer authentischen und selbstbestimmten Lebensweise anregen.